913–1916
ARIM ANCIENT SITE AND
ANCIENT ROAD

木头沟附近遗址位置平面图

主编：巫新华

塔里木古遗址与古道

西域游历丛书

14

SIR AUREL STEIN

[英] 奥雷尔·斯坦因 著

巫新华 秦立彦 译

GUANGXI NORMAL UNIVERSITY PRESS
广西师范大学出版社
·桂林·

塔里木古遗址与古道
TALIMU GUYIZHI YU GUDAO

图书在版编目（CIP）数据

塔里木古遗址与古道 ／（英）奥雷尔·斯坦因著；
巫新华，秦立彦译. —桂林：广西师范大学出版社，
2020.6
（西域游历丛书）
ISBN 978-7-5495-5879-7

Ⅰ．①塔… Ⅱ．①奥…②巫…③秦… Ⅲ．①塔里木
古盆地—文化遗址—考察②塔里木古盆地—古道—文化遗
址—考察 Ⅳ．①K878.04

中国版本图书馆 CIP 数据核字（2020）第 075911 号

广西师范大学出版社出版发行

（广西桂林市五里店路 9 号　邮政编码：541004）
网址：http://www.bbtpress.com
出版人：黄轩庄
全国新华书店经销
广西广大印务有限责任公司印刷
（桂林市临桂区秧塘工业园西城大道北侧广西师范大学出版社
集团有限公司创意产业园内　邮政编码：541199）
开本：787 mm × 1 092 mm　1/32
印张：7.5　字数：180 千
2020 年 6 月第 1 版　　2020 年 6 月第 1 次印刷
印数：0 001~8 000 册　定价：48.00 元

如发现印装质量问题，影响阅读，请与出版社发行部门联系调换。

出版说明

　　1900—1901年、1906—1908年、1913—1916年，英籍匈牙利人奥雷尔·斯坦因先后到我国新疆及河西地区进行探险考古，并先后出版了这三次探险考古报告：《古代和田——中国新疆考古发掘的详细报告》《西域考古图记》《亚洲腹地考古图记》。这三部著作是斯坦因的代表作，较全面地记述了我国新疆汉唐时期的遗迹和遗物，以及敦煌石窟宝藏与千佛洞佛教艺术，揭开了该地区古代文明面貌和中西文明交流融合的神秘面纱。此外，斯坦因还详细描述了深居亚洲腹地的中国新疆和河西地区的自然环境，以及山川、大漠、戈壁、雅丹、盐壳等地貌的种种奇妙景观。斯坦因的著作为人们打开了此前"未知世界"的大门，当时在国际上引起了巨大轰动，西方列强的学者们对此垂涎欲滴，纷至沓来，形形色色的探险家也紧随其后，蜂拥而至。

　　斯坦因的这三次探险考古活动，足迹遍布塔里木盆地、吐鲁番盆地和天山以北东部地区，几乎盗掘了我国汉唐时期所有重要的古遗址和遗迹，对遗址和遗迹造成了严重破坏，所出文物也几乎被席卷一空，并运往英属印度和英国本土。此外，斯坦因在河西敦煌以及内蒙古额济纳旗黑城等地也进行了大肆的盗掘和劫掠，其中尤以对敦煌石窟宝藏的劫掠最为臭名昭著。可以说，在20世纪30年代之前，斯坦因是我国西部地区古遗址最大的盗掘者和破坏者，是劫掠中国古代文物的第一大盗。斯坦因的上述著作是西方列强侵犯我国主权的铁证，同时也为那段令国人屈辱的历史留下了真实的记录。因此，我们在阅读斯坦因上述著作时，一定要牢记惨痛历史，勿忘国耻。

斯坦因上述三次考古报告都是综合性的学术性专著。为了方便一般读者更多地了解斯坦因在我国塔里木盆地、吐鲁番盆地和天山以北东部以及河西敦煌等地区的发掘工作和搜集文物的情况，我们对上述三次考古报告原著做了一些技术性处理：根据原著各章内容的关联性进行分册，删除一些专业性特别强的内容，将插图进行适当调整并重新编序等。

本册出自《亚洲腹地考古图记》：1915年3月，斯坦因调查和发掘营盘遗址。营盘是汉代屯兵驿站，扼守丝绸之路中道，保护商旅往来。在营盘遗址，斯坦因结合考古物证，证实了轮台是汉代西域都护的治所。

目 录

第一章

孔雀河沿岸的古道

第一节　营盘遗址

　　1915年3月17日，在凛冽的东北风还没有停息的时候，我们就从雅丹布拉克出发到营盘去。阿弗拉兹·古尔的小分队要留下来再休息一天（他们是完全配得上这种待遇的），然后和我在辛格尔—营盘道上会合。穆罕默德·巴奇尔见到他来自吐鲁番的兄弟很兴奋，同时他也很高兴我让他回到辛格尔去，这样一来，他就能把打死的野骆驼的大部分都驮在他自己的大骆驼背上，运回辛格尔去了。阿弗拉兹·古尔会很容易就走到辛格尔—营盘之间的那条路，以便与我会合。我自己则在阿布都拉马里克的引导下，走了一条更短的路。第一天，我们沿着一条宽沟朝上走（先前我们就是沿这条大沟从吉格代布拉克下来的），来到了一座辽阔的砾石高原上。这座高原是恰尔恰克山的西北端朝托格拉克布拉克延伸的部分。我们在到 ccxlv 号营地之前走的路，就和我们先前走过的砾石萨依（戈壁——译者）一样荒凉。但扎营的高原上出现了零星的红柳沙堆，给我们提供了燃料。我们现在已经很接近恰尔恰克山了。它是库鲁克塔格最外围的小山脉，脚下全被砾石盖住了，但它连绵的较高的部分则像墙一样陡峭。

第二天我们折向西边，穿过几条干水道，从高原上下来，走近了一座孤山。它的砂岩是红色的，十分醒目。辛格尔的人把它叫作托格拉塔格，因为它正横在营盘道上。我们经过一个很好走的鞍部越过了这座低山，来到了一块宽阔的准平原上。准平原的小沙堆上生长着大量奇坎达灌木。在这里发白的土崖脚下，我们来到了营盘道上。大风把营盘道的痕迹几乎全部吹光了，要不是多亏了阿布都拉马里克，我们很有可能会走过头的。"道"伸向西—南西方向，它在离 ccxlv 号营地约12英里远时把我们带到了准平原边上。这条边很清晰，是架子一般的一行台地，很像我们在库鲁克河上方的亚喀雅丹布拉克和 L.T 之间看到的"海岸线"般的台地。之后我们沿一块砾石萨依往下走，萨依极为和缓地朝南倾斜，乍看几乎像平地一般。走了3英里后，我们来到了轮廓也极为明显的第二行台地，这行台地陡然朝南下降，正像前面看到的库鲁克河河边地带的"涨滩"上的萨依一样。这种种相似性给我留下了深刻印象。

现在可以望到南边的库鲁克河了，它就像是一条由红柳沙堆构成的连绵的深色线一样。我们沿斜方向朝它走过去，过了约6英里后就到了"河"边。然后，我们穿过了一条植被带，植被带中的芦苇和灌木十分丰茂，是我们自离开天山北坡后就从未见过的。我们来到了一行活着的胡杨树那里，胡杨树沿着一条古河床的岸生长，河床中有一片淡水沼泽。这样，走了很远的路后，我们在那个废弃的驿站扎了营。清朝收复新疆并开通从罗布到吐鲁番的邮路后，这个驿站一直有人。在那里从铁干里克来的几个人迎接了我们，并带着我们急需的物资。他们是铁干里克那片小绿洲的头人派来的，因为我事先在辛格尔曾派人向他提出过这样的请求。出乎我意料的是，那几个人中还有一个叫尼山阿里的旁遮普人，14年前我曾见他在喀什噶尔的英国领事馆做听差。他后来成了一个小商贩，一直漂泊到了塔里木盆地可住人的地区的最东部。他的经历似乎可以说明，古代的时候，印度人，甚至来自更遥远地方的近东人，是怎样来到像米兰那样偏远的绿洲的。为了防止在进行挖掘工作时有可能遇到的阻挠，我白天就把这一小队人遣回了铁干里克，并要求他们再带来更多的物资和一个向导，以便我们到库尔勒去的路上用。

第二天早晨，我带着手下的几个人出发到营盘驿站东北的遗址去。第一个注意到这个遗址的是斯文·赫定博士，他是在1896年3月26日从库尔勒到罗布的途中首次经过那里。后来这位杰出的探险家在1900年3月10日第二次探访了那里。但他的描述极为简略，第二次探访后也只是在描述中加了很少的一点细节。从他

图1　营盘遗址的佛塔群

的文字中，我无法断定这个遗址的性质和年代。但它的汉文名字"营盘"（意为军事要塞）却是很值得注意的。第一次探访时，赫定博士认为这些遗址可能年代较晚。我们走了约3.5英里路，有时走在散布着红柳沙堆的砾石萨依上，有时穿过兴地河床形成的宽阔冲积扇（冲积扇上生长着灌木）。在兴地河主河口西侧附近，一群醒目的佛塔进入了我们的视线（图1），这真使我们惊喜。

　　这些佛塔坐落在一块孤立的小高地上。高地本是后面的砾石高地的一部分，被从东北来的兴地河大河床的一支切割了下来。这块岛屿一般的小土高地比南边的平地要高约28英尺，高地脚下的平地上有几条交织的小水道。在水的作用下，高地北面的陡坡几乎变得像垂直的悬崖一般。高地本身也被水切割成了很多条像蜘蛛脚一样伸展的窄岭，岭顶上刚刚够建那些小佛塔。佛塔依高地形状布局，可见佛塔是在高地已经被严重侵蚀后才建起来的。

　　如图2所示，高地顶部是 Y.I.i 号佛塔（图3）。佛塔的圆形部分遭受了很大破坏，似乎很久以前被"寻宝人"挖过，佛塔原来的高度已不得而知。佛塔原来坐落在三层底座上，但只有最底下一层底座可以明确地分辨出来。这一层底座顶上加了一层红柳树枝，所以比顶上那两层逐渐变小的底座保存得好。有一段特别破碎的台阶通向最底下这层底座的顶部。建筑中用的是特别硬的土坯。在底座上，每两层土坯之间都有夯土层和砾石层。佛塔周围有一圈土坯墙，原来支撑着一个长方形平台，但如今只有东边和西边的一点围墙保留了下来。围墙西南角外连着某个小建筑的矮墙，那个小建筑似乎在最近的某次挖掘中被完全毁掉了。因此，它是座庙还是看佛塔的僧人的住所，就不得而知了。

　　在围墙西北角附近的地面上，我们捡到了一枚五铢钱。这是第一条明确的线索，它告诉我们这是个很古老的遗址。仔细查看之后，我们就发现主佛塔附近几个地方都有垃圾层。我让人清理了它们，并发现了新的证据。这些证据逃过了那些先前搜寻这个遗址的人的视线，真是一件幸事（下面我们会说到他们都做了些

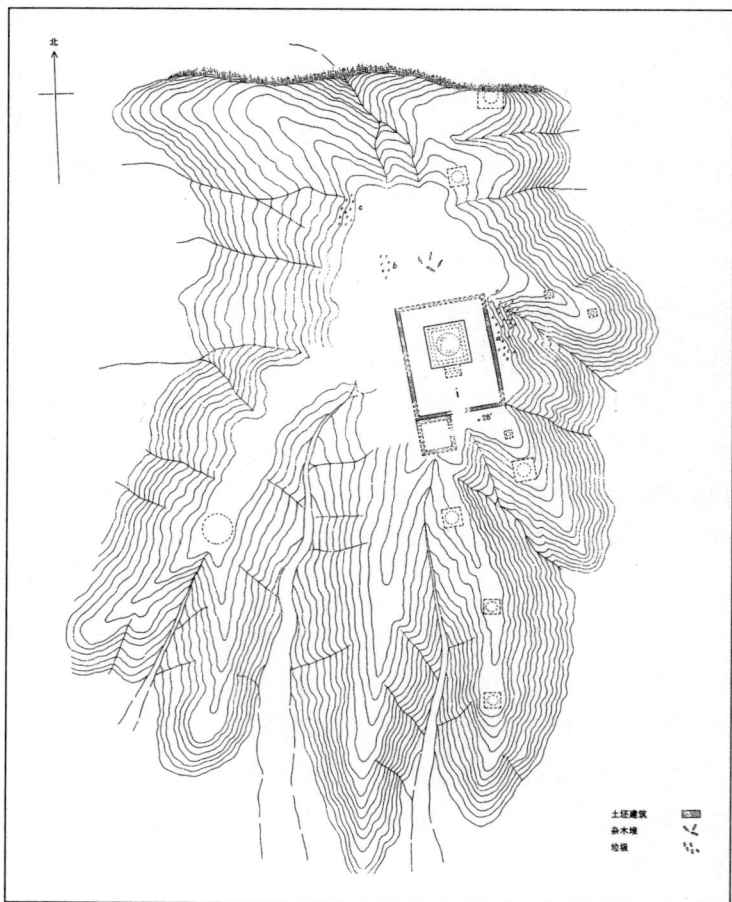

图2　营盘寺庙遗址

图3　营盘遗址的Y.I.1号佛塔，从南边看

什么）。最大的垃圾堆（Y.I.a）位于东围墙下的山坡上，里面主要
是木片、芦苇秸秆、灰烬、纺织品碎片和加工过的皮子。这一切
都证明，上面曾是某种住所。当人们仔细翻拣垃圾时，在围墙东
北角外发现了一件木文书，这真令我大喜过望。这件文书约4英
寸长，一面有两行短短的佉卢文，表面的其他地方似乎刮过。我

们很快又发现了三块薄薄的佉卢文小文书，正像我在楼兰遗址和敦煌长城上发现的大量汉文木简一样。字体似乎很接近在楼兰遗址发现的佉卢文文书，而用了这种印度字体本身就说明，这些文书和楼兰遗址的文书大致属于同一时期。

在这里发现的各种遗物中有大量毛织品碎片，有的比较细密，有的比较粗糙。安德鲁斯先生研究了这些纺织品的样品，发现它们绝大多数是经线凸纹织法。这是很值得注意的，因为这种工艺是楼兰 L.C 号墓地出土的所有中国花绸的显著特征。这里没有发现任何丝织品，大概表明一般守在这个神圣地点的不是中国内地人而是当地人。当然，这种反面的证据是不足为信的。其他值得一提的遗物有：木笔，带漆的木头残件，用山羊毛织的带子残件，一块结实的羊绒织物。几截葡萄藤，表明这附近可以种葡萄。主佛塔北边和西北有两堆较小的垃圾（b、c），其中出土了麦秆、陶器碎片等。在佛塔北边的一个完全毁坏的小建筑废墟中，我们还发现了几块加工过的木头，而且全都是胡杨木。我们在院子东北角附近的垃圾堆顶上发现了一枚唐朝的开元通宝的两个残片，说明一直到佛教时期的后期都有人到这个圣地来。

如图 2 所示，在中央佛塔周围，我们发现了 9 座较小的佛塔。它们都被人挖过，遭受了极大毁坏。但可以分辨出大多数佛塔的底座。在它们周围光秃秃的砾石上没有发现遗物。这些佛教徒进行崇拜的场所都挤在这块小高地上，这使我再没有什么怀疑了：此地就是被当作神圣的苏巴什（即水之源）来进行崇拜的。我以前曾提到过以"苏巴什"命名的那些地方，它们都位于流到塔里木盆地绿洲上的河附近。我还曾提到过被这些河灌溉着的田地上的当代居民对它们的崇拜。这种从古代一直延续到今天的当地人的崇拜地点有：和田喀拉喀什噶尔河上的库赫马里、吐峪沟、庙儿沟、库车的两条河口处的寺庙。显然，如果靠兴地河灌溉田地的人们，想要祈祷这条河给他们提供足够的水注满他们的水渠，这块小高地是个再合适不过，也再方便不过的地点了。因为，从赫定博士的地图看，兴地河实际流出山口的地方离这里有10英里远，然后河水才穿过干旱的砾石缓坡流向营盘遗址。到山口去显然太远了，不利于种田的人和僧侣等照看寺庙。

在小高地顶上朝东北还可以望到两座佛塔，我们就沿着主河床朝那里走。我发现在 Y.I 遗址上游约0.75英里远的地方，河床分成了两条浅水道，水道中生长着灌木和红柳。水道之间是一条窄窄的突起的地面，在这块地面上，我们很快发现了一条古代水渠的明确迹象。渠岸用砾石和泥土筑成，在风的作用下已经变低了。阿布都拉马里克说，他在河床的出山口毕占吐拉附近也看到过这样的水渠。渠岸的底部仍可以看到一条宽4~5英尺的硬土，不时还夹杂着大石头，以使渠岸更加坚固。渠岸上曾生长着红柳。根据这些死红柳的残余部分，我们可以追踪到水渠的走向。我们毫不费力地沿着水渠走了0.5英里，然后越过东边那条水道到了西岸。

在这一点，我们遇到了两座小佛塔。其中靠南的那座已经变成了一座由土坯构成的土丘，覆盖着碎石的土丘底部有17英尺宽，土丘高13英尺。但在离地面3英尺往上的地方，仍可以分辨出佛塔的圆形上层建筑。第二座佛塔在北边约400码远的地方，保存要好些。它的底座有15英尺见方，高达7英尺。底座上的圆顶仍比破碎的底座顶部高8.5英尺。两座佛塔都是用土坯筑成，土坯特别硬，只含有很少的秸秆。北边那座佛塔底座的最低部分用了两层夯土，每层约6英寸厚，夯土层中间只隔着一层土坯，和Y.I号佛塔的底座完全一样。底座的东北脚在风蚀作用下往里凹陷了。自从建了这些佛塔后，光秃秃的萨依上吹刮的风虽然作用在这片覆盖着砾石的地面上，但地面总的来讲并没有变低。我不知道究竟是什么原因，佛塔单单建在了这里。在冲积扇上的萨依这样平坦的地面上，过了几个世纪后，水渠源头的位置是肯定会改变的。在我看来，我们在水道对面看到的废弃的水渠似乎并不是很古老。

赫定博士在下面将要说到的围墙东北看到了伊斯兰墓葬，他由此得出了这样的结论：在后来比较晚的时候，营盘遗址曾重新有人住。我在回到Y.I号佛塔遗址的途中，在Y.I号佛塔遗址上游约0.75英里远的地方发现了很多伊斯兰墓葬，由于事先读了赫定博士的文字，所以我当时并没有感到惊讶。这些坟墓位于萨依边下方的一块土台地上，坐落在汇流后的水道右岸。坟墓共有约33座，都用克塞克（即土坯般的硬土块）筑成长方形的小丘，小丘呈南北走向，这是伊斯兰墓葬的正统方式。由于近期曾有洪水冲到了小台地边上，边上的两三座墓葬是半开的。在其中一座墓葬里，尸体的头转向西方，即麦加的方向。尽管墓葬附近的地面偶尔有水泛滥浸湿，但墓葬中裹尸用的粗棉布都没有腐烂，而且坟丘都保存得很好。从这些情况判断，这块小墓地所属的伊斯兰居民点应该距离现在不过一两百年。我从阿布都拉马里克以及铁干里克的人那里，都没有得到关于这个小居民点的任何信息。这是不足为奇的，因为铁干里克和辛格尔的居民也都是不久前才从别的地方迁过来的。

在我们第一次走近河道口的那块高地之前，就遇到了陶器碎片。当我们穿过光秃秃的土地朝围墙遗址走，在位于高地西南约0.5英里远的地方（图4），我们注意到了大量塔提废墟。在这里以及废堡垒附近发现的陶器碎片以及小石器、金属的和玻璃的小物件看起来都很古老。但从那几个带装饰的物件上，却无法得出明确的年代线索。在围墙东边的塔提上捡到的中国钱币是汉代的五铢钱。塔提中间又是一块伊斯兰小墓地（赫定博士已经注意到了这块墓地），约有23座墓葬，和前面说的墓葬完全一样。值得一提的是，在后来穿越围墙正东边光秃秃的塔提地面时，我们注意到了两个粗糙的木犁铧和两块手推石磨，犁铧的形状很像如今塔里木盆地绿洲使用的犁铧。夕阳的斜晖映照出低而窄的堤坝，新疆的田地正是用这样的堤坝隔开以便进行灌溉的。这表明，这片平坦的开阔地曾在距今不远的时候开垦过，当时一些穆斯林重新居住在这里。

围墙是标准的圆形（图5）。从里面的墙脚下算起，围住的地

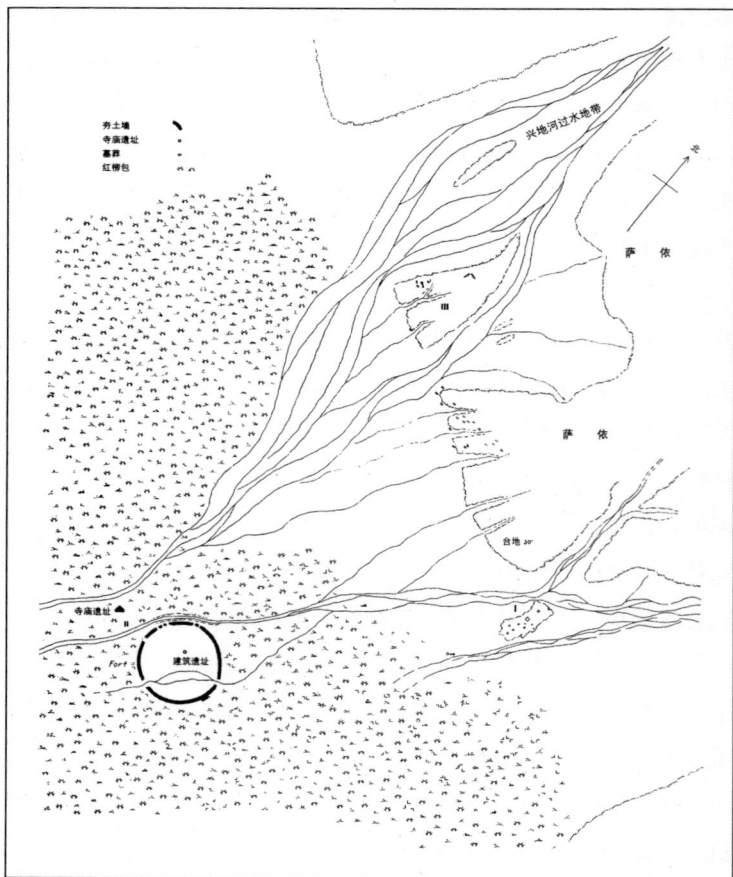

图4　营盘遗址平面图

方直径有194码。大部分围墙都是用夯土和不规则的红柳和灌木层筑成，但南部和北部有一段墙只用了夯土，墙顶上盖着厚厚的一层红柳树枝。我没有发现垂直的木桩或其他起支撑作用的木结构。之所以出现了不同的建筑方法，可能是后人修补的结果，至少某些地方是如此。墙底部有24英尺厚，北侧一段保存较好的墙高18英尺多。墙顶上似乎都用了很厚的一层灌木来加固顶部。我

图5 营盘遗址的围墙，从西面看

们还发现了很多大石头，显然是为了防范敌人用的。东面和西面各有一条宽约30英尺的正相对的豁口，是大门的位置。南面和北面的小豁口只是流进墙里面的河道的小分支造成的。围墙里面没有任何建筑遗存，可能是因为自从这个地方被废弃后，河水有时会泛滥到墙里面。原来的住房大概只是用篱笆条和灰泥筑成的，河水会迅速毁掉这样的房子。我只在中央地带发现土坯和土坯般的硬土块的碎屑，表明那里曾有个建筑。碎屑上生长起了一个"活"着的红柳沙堆，沙堆大概在一定程度上把那个建筑一直保护到了最近。但建筑的遗存全被那群挖掘者破坏了，他们在下面将说到的西边的佛塔里也挖掘过。这座小堡垒里面的地面上覆盖着柔软的分解土壤。在这里发现的唯一遗物是个银制小垂饰，形状像颗十角星，中央的凸饰周围镶着5颗玻璃宝石。这件文物看起来很古老。

可以肯定的是，这圈圆墙是伊斯兰时期之前建的。它的形状很像孔雀河和塔里木河汇合点附近的麦尔得克堡垒遗址，以及和田绿洲附近的阿克斯皮尔遗址。麦尔得克遗址极有可能是汉代的。营盘遗址可能也很古老，因为它离麦尔得克不远，位于连接着麦尔得克所在的罗布地区和库尔勒以及天山脚下的绿洲的直线上。我们还可以判断出，这个地方很可能一直沿用到了唐代（中间或许有中断），在佛塔 Y.I 附近发现的开元通宝就是证据。而且，就我们从营盘到库尔勒考察的烽燧来看，烽燧所戍守的道路一直沿用到了唐代。因此，营盘更有可能也沿用到了唐代。

图6 营盘的 Y.II 号遗址，是从西南望到的情景

在围墙西大门外100码远的地方，矗立着一座坚固的佛塔遗址（图6）。佛塔的核心部分是一个圆顶。从西面到圆顶中部有一条豁口，大概是古代留下的。除此之外，一切都表明佛塔在最近几年被"考察"过，不幸的是这种考察实际上是无情的破坏。从铁干里克与我们会合的人说，几年前从吐鲁番来了一个带着挖掘工的"土拉"，他们挖了这座佛塔以及下面将要说的一些墓葬，然后就到沙漠中去了。我知道德国探险队和伯希和教授都没有到库

鲁克塔格南边来过。所以我想，他们指的那个人大概是橘瑞超先生。他们在极为仓促的清理过程中，给佛塔建筑的某些部分造成了很大破坏。佛塔里面的雕塑也全都被毁了。这是极为令人痛心的，因为雕塑的特征显然不同于此地常见的佛教遗址。

佛塔底下是一块坚固的平台，平台也是用土坯筑成，平台顶中央是佛塔。由于佛塔的土墙已完全被毁，已经无法精确地判断它原来有多大。圆顶底下原来有个鼓状部分。鼓状部位于一个底座上，底座每一侧朝外突出的部分中央似乎都放着一个巨大的泥塑。我们偶尔可以发现涂着灰泥的雕像底座，碎石坡上还有十分破碎的彩绘泥塑残片，说明这个建筑本来装饰着雕塑。泥塑碎片中有些似乎雕的是衣物，还有一个巨大的头，五官已经全部缺失。底座突出的部分宽3英尺3英寸。由此看来，那四尊大泥塑是靠着佛塔的"鼓"或圆顶放置的。塑像的底座似乎有7英尺长。由这个长度来判断，塑像可能是坐佛像。底座的三面都可以看到一圈方形矮围墙的残余部分。围墙只有14英寸厚，围成了一圈窄过道。考虑到这圈围墙不是很结实，如果它上面支撑着顶，只能是木屋顶或遮在雕像上方的木游廊顶。在平台东侧，我们发现土坯上伸出一些圆形的胡杨木柱子，说明佛塔大概曾有个木制的上层建筑。风蚀作用对木柱子顶部的影响是很明显的，因为朝东北的那一面已经剥落，有些地方还凹陷了下去，但东南面却仍保留着浑圆的轮廓线，由此可以判断柱子的直径有7英寸。这一侧的平台上，佛塔底座前面的空地约有15英尺宽。有迹象表明，东边有台阶通到平台顶上。平台的这一侧上面很可能曾有某种前厅或过道，大概是木结构。关于这座佛塔的整体布局，我认为唯一的类似例子是我在1907年清理的米兰 M.II 号寺庙。那里也有一块土坯筑成的坚固的长方形高平台，平台上的建筑有一个高高的实心核心。尽管破坏得已经很严重，无法断定其整体布局，但我觉得，那座庙的上层建筑大概包括一座佛塔的圆顶，靠着圆顶的底座或"鼓"形部分放置着一个或几个巨大的泥塑。

我第一次勘察之后的第二天又勘察了一次。我发现萨依边上的台地附近有分散的古墓群，一直延伸到了 Y.I 号佛塔所在的那块高地西边（图4）。在流水的侵蚀作用下，整块萨依边缘都被切割成了小沟。在离 Y.I 号佛塔约0.5英里远的地方，兴地河一条宽宽的分河道将萨依边的一部分完全隔离开了，使它变成了一块独立的小高地，像岛屿一般矗立在两条浅水道之间。这块高地顶上的墓葬受到地表水的影响大概会少些，所以在第三天我们就开始了对这座墓葬的考察。台地西脚下曾被水冲刷得凹陷了进去，因此我们发现底下有大木板和其他胡杨木片。显然，那里有些墓葬被水冲走了。一行行插在地上的腐烂的小木桩标志着其他一些墓葬的位置。每座墓葬有8~10根木桩，木桩间隔几英尺。这种格局本身就足以说明，这些墓葬和库鲁克河下游的墓葬 L.S、L.T 很不同。在我们打开的那些墓葬北边，我注意到了一块稍微凹陷的没有砾石的地方。在清理这个地方的西段后，我们先挖掘出了厚厚的掺杂在一起的芦苇和小麦秸秆。接着，底下出现了粗粗的胡杨木梁，同一根柱子构成直角。在挖了3英尺深后，我们挖到了天然的砾石。我们不知道这里以前大概是个什么建筑。它可能与L.H的半地下木建筑一样是放棺材用的，但棺材后来被彻底侵蚀掉了。

我们首先打开的是墓葬Y.III.1。它位于一行墓葬的北端，坐落在一条小水道的边上。墓葬里是一个中年男子的尸体。棺材用粗糙的木板做成，棺材上覆盖着一截挖空的大树干。尸体头朝东，这处墓葬其他墓中的尸体也同样如此。裹尸布只保留下来一点，似乎既有白色素绸，也有毛织品。头比其他坟墓中的头腐烂得稍微轻些，所以我们把头和裹头的粗毛布取了下来，以便把它与出自L.S、L.T的头骨进行专门的比较。在头附近发现了一个碎成了几片的木杯和一个圆形木碟子，碟子里面放着羊骨。这座墓葬以及南边连着的另外两座墓葬，挖掘起来都很困难。因为墓葬顶层的砾石和土像岩石一样结实，由于盐的结晶作用，砾石和土已经变得水泥一般坚固了。我们首先穿透约2英尺厚的顶层，然后才能到达棺材所在的那层较软的土。由于缺乏丁字镐，工作进展得很慢。

这一行最南边那座墓葬是Y.III.2。在那里面，我们发现了一副制作得比较好的大棺材，长7.5英尺，宽3英尺2英寸。棺材盖由2英寸厚的结实的木板构成，木板用暗榫连在一起。棺材的侧面也很结实，用横向木板把纵向木板钉在一起。棺材里面并排有两具尸体。尸体腐烂得很厉害，但没有被人动过，所有的陪葬物都没有遭受什么破坏。可以看出来，左侧（即北侧）那具尸体是个男子，右边那具尸体是个女子，是那个男子的妻子。他们都长着灰发，头上盖着素绸（素绸本是白色的），身上也裹着白色和红色的素绸，素绸里面才是用粗糙的材料（可能的毛织品）做的裹尸布。取下外面的丝绸后，我们发现他们的头上缠着白色窄绸条。绸条用一根约1英寸宽的绯红色绸带子固定住，带子裹在前额上。在这条带子上放着三个金属小圆盘，排成一排，似乎是金子做成的，每个圆盘上有两个小孔，并通过这些小孔固定在带子上。在女子的头底下发现了一块新月形绣花布（图7），用的材料是暗黄色麻布，对折过来，形成了枕头套。刺绣用锁绣绣成，可以看到极为模式化的植物图案以及鸟和昆虫。这座墓葬以及其他墓葬中的尸体口里都没有含钱币。

每个头的上方都放了一个木饭碟（图8），碟子里放着一个羊羔的头骨和腿骨。男子头边的碟子是圆形的，另一个碟子是椭圆形的。在尸体两侧发现的东西有：一个青铜碗，碗里面衬了上着漆的麻布；一个带有优雅的柄的漆碗（图9）；制作得很好的木杯子（图10）；一个用粗糙黏土烧成的陶罐（图11）。这些器物中原来都盛有食物。尸体底下铺着厚厚的白毡子。我们无法看出两具尸体是怎样埋在同一副棺材里的。毋庸置疑的是，这是一对夫妇。他们大约是相隔不久死去，还是第一个死者的棺材一直不下葬，直到第二个人也死去呢？两个人的灰发说明他们是一对老夫妇，这样用一副棺材就不奇怪了。

我们打开的第三座墓葬（Y.III.3）在前面说的两座墓葬之间。

图7 新月形绣花布

图8 木饭碟

图9 漆碗

图10 木杯子

图11 陶罐

图12 玻璃杯

图13 小木瓶

这座墓葬里盖棺材的木板已经腐烂，因此里面的东西遭受了比较大的损坏。从头部看，死者是个长着胡须的男子，身上盖着用粗糙的毛织品做的裹尸布，裹尸布外又盖着白色丝绸。一块丝绸盖着头，头上又缠着窄条的白色丝绸。一条绯红色窄带子缠在前额上，带子上固定着三个小圆盘，要么是金质的，要么镀了金。头右边有一个发绿的白色透明玻璃杯（图12）。玻璃杯是完好的，底部还有一点流质的痕迹，大概是酒或葡萄汁。玻璃杯上装饰着成条的空心点。这个玻璃杯比较有价值，因为它是我在考古生涯中发现的唯一完整的玻璃器皿。在头上方放着羊羔的骨头（没有放在碟子上）以及上漆的小木瓶（图13）。

在上面说的墓葬和那座大佛塔所在的高地之间的萨依边的台地上，还可以发现其他小墓葬群。在这里，水将台地边冲成了三条窄岭，每条岭上都有2~6座墓葬，其标志是与墓葬 Y.III.1~3 一样的木桩。除此之外，在岭的南脚下和岭之间的小沟的坡上，也有一些类似的墓葬。被冲到平地上来的胡杨木碎屑表明，偶尔从上面的缓坡泛滥下来的水曾毁坏了其他墓葬。岭顶上的10多座墓葬受水汽的影响可能较小，其中约有一半的墓葬被人打开了。墓葬中只有挖空的胡杨树干，而不是常见的棺材，表明这里的死者埋葬得比较粗略。在最东边那条岭的末端，我们打开了一座墓葬（Y.III.4），墓中的东西证实了我们的结论。在墓里我们发现了一个女子的尸体，放在一张粗糙的毛席子上，上面盖着一截挖空的树干。尸体保存得很差，但上身仍残留着一部分粗丝绸做成的衣服（带绯红色丝绸镶边），下身残留着用粗糙的毛织物做成的裤子。头上缠着棉絮一般的窄条东西，但前额没有带子，也没有金属装饰。脚上穿着粗糙的皮制的鞋子。我们发现的唯一的随葬品是一个粗糙的圆形木碗，里面放着一个羊羔的头。

这是我们在这个遗址打开的最后一座墓葬。挖掘坟墓很费时间，而我手下只有几个挖掘的人手，况且在前面的沙漠地面上还有大量工作要做。同时我已经发现，一方面墓葬里的东西保存得不好，另一方面埋葬方法又都很一致，所以我认为不应该再把这项工作继续下去了。在埋葬方法方面，我们容易看出，这里的墓葬和我们先前在楼兰的古代汉人墓葬或 L.F、L.Q、L.S、L.T 等土著人的墓葬很不同。但我们却没有明确的证据说明墓葬的大致年代，以及墓葬中死者的人种。在 L.C、L.H 我们都发现，汉代的汉人墓葬的一个典型特征是用各种旧衣服的碎布来裹死者的头部。这里采取的不是那种方式。同时，这里的墓葬中使用了丝织品，还有各种随葬品，这说明，埋在这里的死者受到了中原文明的影响，其生活方式比 L.F 和其他朴素的楼兰墓葬里的土著人要先进。如果一定要在离得不太远的地方寻找相似墓葬，我们会发现，吐鲁番的阿斯塔那墓墓葬中也用了素绸做裹尸布，素绸底下是简单但完整的衣服。但在阿斯塔那极为常见的遮脸布却没有在营盘墓葬中出现过。而阿斯塔那墓葬中也没有死者头上缠着窄布，或在前额系着带子。

从营盘遗址的这几座基本上一样的墓葬中获得的线索，本身是不足以支持任何结论的。但我要说一下它们给我的印象，当然我的印象完全是猜测。考虑到所有墓葬窄的一端都朝西，和 L.S、L.T 一样，而在地面插上成行木桩的风俗大概是从 L.S、L.T 这些当地人墓葬中的栅栏演变而来的，所以我认为这些墓葬可能是住在中国古代要塞周围的当地人的坟墓。在同中原文明的长期接触过程中，他们的风俗发生了很大的变化。这样我们就可以解释，为什么这些墓葬一方面采用了某些中国习俗（如死者穿着生前的衣服并有随葬品等），另一方面在死者"住所"的布局上，传统的样式被保留了下来。

但不论上述结论是否正确，都无助于我们确定这些墓葬的大体年代。在这些地方，自从公元前 1 世纪以后，中原文明的影响都必定是强大而持久的。塔里木盆地和吐鲁番盆地都有充分的证据表明，即便在公元 2 世纪汉朝对西域的直接影响衰弱了，中原文明的影响依然继续了下去。而且在楼兰地区，我们从 L.A 发现的文书说明，中原王朝对该地区的治理一直持续到公元 4 世纪的前半叶。因此，总体说来，这些墓葬可以归到唐代之前的任一时期（当时这个遗址要有一个居民点）。说这个遗址一直沿用到唐代，目前的考古学证据只限于我们在 Y.I 号佛塔附近的垃圾堆顶上捡到的那枚唐朝钱币。但在下文中会看到，我们在郦道元撰写于公元 6 世纪头 25 年间的《水经注》中还可以找到这样的证据。那段文字能直接告诉我们这个遗址是什么地方，所以我最好是围绕着一个更大的地形学问题来讨论它。

第二节　孔雀河的古河道和注滨城

　　我之所以探访营盘遗址，其原因不仅是遗址自身的价值。我想在那里考察一个和库鲁克河有关的更大的问题，这个问题既有地理学意义，在考古学上也有重要意义。我曾不止一次说到一个最基本的事实：只是因为库鲁克河把水带到了楼兰地区，人类才有可能住在那里，交通也才能穿过那里。我们1906年和1914年的考察，再加上阿弗拉兹·古尔刚刚与我会合之前进行的补充勘察都证实，在古代库鲁克河有水的那段漫长的时期里，这条河在楼兰主要遗址的南边和东边都形成了面积广大的三角洲。我们的考察还说明，库鲁克河相继岔出来的所有支流，最终都流进了罗布泊西滨的沼泽。那些沼泽也和结着盐壳的史前罗布泊湖床一样早就干涸了。

　　同时，考虑到几种情况，我认为库鲁克河的水主要是从孔雀河来的。孔雀河是一条不小的河流。根据以前的探险家们的考察，目前库鲁克河的干河床似乎是孔雀河直接朝东延伸的部分。科兹洛夫上校意识到，罗布—吐鲁番道在营盘穿过的那条布满沼泽的河床是库鲁克河源头的一部分。他在1893年的绘图工作中还发现，孔雀河的实际河道经过了离营盘不太远的地方。赫定博士1896年的考察完全证实了这些说法，并提供了关于孔雀河下游情况的很多极有价值的信息。但是，除了在连接着营盘和铁干里克的那条朝西南延伸的路，任何欧洲探险家都没有看到过孔雀河和营盘之间的地面。而参照一下地图就可以看出，孔雀河和"干河"的源头（位于营盘）之间的古代联系不可能在那片地面上。

赫定博士在1900—1901年的考察之后，提出了一个所谓的"罗布淖尔问题"。我想要解决这个问题，就更应该考察一下这个地区。他是凭着大胆的假设和渊博的学识提出那个理论的。根据他的理论，塔里木河在不太久远的年代改道到了现在的河道。在那之前，库鲁克河把塔里木河所有的水（其中包括塔里木河的支流孔雀河的水）都带进了"古罗布淖尔"（他断定罗布淖尔在楼兰遗址以南）。这个理论和我们的考察是不符的。从我们的考察看出，在楼兰遗址南边和东边广大地区里，都可以追踪到库鲁克河的三角洲。更重要的是，他的结论也和一个关于这一地区水文状况的重要的汉文资料不符。这个早期的汉文资料提供了明确的证据，而赫定博士在提出自己的理论时，还没有看到过这份资料。我说的这份资料就是郦道元的《水经注》。沙畹先生在对《魏略》中记载的"西域诸国"进行精彩分析的那篇论文的附注里，择要翻译了《水经注》。郦道元逝世于公元527年，因此《水经注》的成书不会晚于这一年。但《水经注》中无疑记录了更早的时期里中国内地同塔里木盆地的关系。在此似乎有必要再次简述一下，该书中有哪些文字直接提到了库鲁克河以及它与孔雀河的关系。

关于令我们感兴趣的那段文字，我应该说一下，那段文字之前的文字沙畹先生并没有翻译过来。但根据沙畹先生的一个注，那之前《水经注》说的是"北河"，即喀什噶尔河与叶尔羌河。在"北河"之前，是关于"南河"河道的一长段有趣记载（"南河"即和田河）。《水经注》中说，这条河在尾水部分与车尔臣河汇流在一起，然后向东经"鄯善"之北流进了"楼兰湖"（？）。在《西域考古图记》中，我详细分析了这段文字，我想我已经指出，郦道元说的"南河"的尾水部分，大致就是现在的塔里木河的河道，塔里木河朝南与车尔臣河汇合，然后经米兰（即鄯善国的东都）以北流进了喀拉库顺沼泽。用现在的汉文名称（更准确地说是蒙古名称）来说，就是流进了现在的罗布淖尔。

与我们有关的那段文字是这样的：

河（北河）水又东径墨山国南，治墨山城，西至尉犁二百四十里。河水又东，径注滨城南，又东径楼兰城南而东注。盖田士所屯，故城禅国名耳。河水又东，注于泑泽，即经（《水经》）所谓蒲昌海也。水积鄯善之东北，龙城之西南。

我们在前面曾详细分析过这段文字的后半部分。我指出，它非常准确地描述了现在库鲁克河的河床。河床从营盘开始，经过楼兰遗址的南边，然后朝东"注入"结着盐壳的罗布泊古湖床边上的沼泽。关于前面半部分，我在《西域考古图记》中已经简单说过，地形上的线索把我们带到了西库鲁克塔格的缓坡脚下，如今孔雀河就是绕着那条缓坡脚下延伸的。沙畹先生以及喜欢探幽访古的中国人徐松都已经意识到，"墨山国"就是《汉书》中的"山国"。我曾说过，"山国"在西库鲁克塔格地区。关于"墨山国"西部240里远的尉犁，我也说过那就是库尔勒以南的地区，那里是从孔雀河引水灌溉的。现在，最近设在那里的县城被称作喀拉库木或孔雀。从地图上看，如果郦道元（准确点说应该是告诉他那些信息的人或书）提到了"墨山国"（即西库鲁克塔格）的一条河，河水向东经注滨城南朝楼兰流去，那他指的就是孔雀河，因为孔雀河一直是沿着西库鲁克塔格脚下延伸的。而且，从萨依其克一直到下文将说到的库尔干烽燧遗址，孔雀河的实际河道都是库鲁克河的直接延长线。后来我们在营盘以南发现了朝营盘方向去的干河床，它们表明，上面说的那段孔雀河和营盘的库鲁克河是直接连在一起的。

如今，孔雀河从库尔干开始，河道更偏南，在铁干里克以东靠近了塔里木河的支流，最终被塔里木河吸纳了。孔雀河本身就是一条不小的河。从高峻的天山和水分充足的尤勒都斯高原流到焉耆谷地的水，在博斯腾湖暂时储存过之后，都注入了孔雀河。尤其是在冰雪融化的季节，博斯腾湖储存的水就更多了。由于博斯腾湖这个大水库的存在，孔雀河水量的季节性变化，比流进塔里木盆地的任何河流都小。赫定博士就已经注意到了这一点。这个特征更增添了孔雀河的价值，因为在当地条件允许的情况下，它就是很好的灌溉水源。有测量证据表明孔雀河的水量是很大的。因此我们大致设想，当以前孔雀河水流进现在库鲁克河的干河床时，本身就足以灌溉楼兰周围的古代三角洲曾有的农田了。

但由于两个因素的存在，我们还不能仓促得出这样的结论。第一，在整个罗布地区的河边地带，坡度变化都是很小的。在这样的地方，河道必然会经常发生大规模的变动。拿现在来说，铁干里克下游的孔雀河河道就和塔里木河的分支交织在一起。因此，当孔雀河水沿着现在库鲁克河的干河床流向楼兰时，从叶尔羌河及叶尔羌河的北部重要支流英其开河(即沙雅河)过来的分支水道，很可能在上游部分地汇入了孔雀河。即便现在也有迹象表明，在北边的红海子和叶尔羌河上的英库勒之间的地区，这些水系之间仍有交织的现象发生。如果英其开—叶尔羌水系有很多水注入了孔雀河上游，就更容易解释为什么它在楼兰地区的古代三角洲面积会那么大了。

另一个因素来自郦道元的文字，这个因素更支持前面的观点。他对塔里木盆地水文状况的中文描述非常简略。即便如此，如果沿库鲁克河的干河床到达楼兰的河水只是来自孔雀河，他似乎无论如何都不会把楼兰附近的那条河算作是北河(即喀什噶尔河和叶尔羌河[1]）的一部分。因为喀什噶尔河和叶尔羌河与孔雀河的源头是大不相同的，来自塔里木盆地的另一端。但如果孔雀河在沿直河道向楼兰方向流的过程中，如今被塔里木河的尾闾完全占据的地区也曾有水注入了孔雀河，那么把这些河流都用一个汉文名称"北河"来称呼，就是可以理解的了。现在，经过了这么多世纪的河道变迁之后，我们已经无法判断孔雀河和与其毫无关系的塔里木河水系之间曾在哪里发生联系了（塔里木河水系指的是叶尔羌河的下游，以及从沙雅和库车方面注入叶尔羌河的支流）。在没有对整个"两河流域"进行确切考察之前，对这个问题我们甚至不应该提出哪怕是假设性的猜测。

当然，我们可以追踪一下，当古代的孔雀河水经库鲁克河流向楼兰时，营盘上游的孔雀河可能走的是什么河道。但在描述我们对这一地区的实际考察得出了什么线索之前，我还要回过头来说一下，郦道元的上述文字中有一个地方是有直接的考古学价值的。他说，"北河"过了墨山国（即西库鲁克塔格）后，经过了"注滨城"南，然后才朝东流往"楼兰城"。我要说的就是那个"注

1　可以肯定的是，"北河"指的是叶尔羌河与喀什噶尔河汇流后的河，因为在郦道元评注的那段《水经》中，说"北河"就是"葱岭河"，葱岭是中国人对帕米尔和奥克苏斯河流域与塔里木盆地之间那条南北走向的山脉的称呼。如果有某位资深的汉学家把郦道元关于"北河"的那段文字完全翻译过来，对地理学和考古学者来说都是非常有意义的。这段文字有点过于简略了，如把河粗略地分成了"南河"与"北河"，并沿袭了《水经》中的看法，说塔里木盆地的河水后来注入了黄河中。但这些都是无伤大雅的。

滨城"。

在《西域考古图记》中我曾简单说过，我认为"注滨城"大概指的就是营盘遗址所在的这个地方。为了支持这个结论，我想先请读者注意，这个地点的自然条件是很适合设置一个比较重要的居民点的，尤其是当楼兰道顺着库鲁克河延伸的时候（那条道是到库尔勒以及北部绿洲去的）。下文中我们将会看到，从营盘向西北一直延伸到库尔勒附近的那些坚固的烽燧，无疑标出了这条古道的路线。考古学证据说明，那些烽燧是西汉时期的。而正是在西汉时期，楼兰道的地位最重要。我们沿着那些烽燧遗址，可以将古道一直追踪90英里远。这段古道一直是沿着库鲁克塔格缓坡的脚下伸展的。缓坡底下的河边地带由于季节性的洪水泛滥和河道变迁，会使交通发生困难（现在从喀拉库木到若羌的道路，在河水泛滥时节以及初秋也总是遇到这类困难）。古道沿缓坡脚下延伸，就避开了那些困难。同时，古道离孔雀河的古代河床也不远，很容易就能弄到水。

可见，从古代鄯善绿洲（即现在的若羌方面）和附近的罗布泊河边地带朝西北去的人，如果能走到上面说的那块四季都能通行的安全地带上去，是有很大好处的。看一下地图我们就能知道，营盘是从南边和东南来的人能到达那个地带的最近的地点。因此，营盘遗址很可能是楼兰古道（中道）和另一条道路的会合点。后一条道路把营盘遗址同古代南道沿线的绿洲，如鄯善、且末（现在的车尔臣）等联系了起来。这条道有可能经过了麦尔得克遗址附近。同时，联系着整个罗布地区和吐鲁番的最直接的道路，自古以来就是经过营盘的，这使营盘的交通枢纽地位更加重要。而且，在荒凉的库鲁克塔格脚下，唯有这里的自然条件允许农业的存在，这样的农业虽然局限于很狭小的区域内，但却是永久性的农业。我们很容易就能看出，从库鲁克塔格脚下的那些交叉道路上经过的人，可以受益于这里的农业。

我曾反复指出过，在整个塔里木盆地，除了河流从山中流出的地方，以及河流消失在沙漠中之前的尾闾绿洲，在河道沿线维持水渠是很困难的。因为河道是不断变迁的，河水泛滥的时候还会破坏水渠的源头。如今唯有在营盘这一点，有一条溪流注入了古代的孔雀河和它的延伸部分库鲁克。这条溪至今仍能将大量的水从干旱的萨依带到库鲁克河的河边地带。我指的就是兴地河。在这里库鲁克河的河床中有一些潟湖，潟湖两侧还有淡水泉。潟湖和泉水的唯一来源就是兴地河谷偶尔泛滥下来的水。即便在离现在不太久远的时期，仍可以利用这个水源从事农业。我们前面说的营盘的晚期穆斯林居民点就足以证实这一点。前面已说过，兴地河中有水，而从库鲁克塔格南坡下来的其他任何河床都是干涸的，这是因为兴地河流域的山区范围很大，兴地河的源头西大山又极高的缘故。查看一下地图就能知道，西库鲁克塔格的其他地段都没有这样收集河水的有利条件。

根据我在塔克拉玛干沙漠的南部边缘以及塔里木盆地的北部的一系列遗址获得的考古学证据，我想我们可以断定，在内陆亚洲的这个广大地区，用于灌溉的水源减少了（各地的直接原因、进展速度和其他相关因素可能不尽相同）。因此，虽然现在的营盘似乎无法从事大规模的农业，这并不能影响这个地点在历史上的重要性。从营盘的遗址数量和围墙的大小来看，那里以前曾有一个很大的居民点。在 I 号佛塔发现的佉卢文文书尽管只是残片，却明白无误地告诉我们，这个遗址可以一直追溯到楼兰 L.A 遗址的那一时期(楼兰 L.A 遗址出土的有纪年的文书表明了它的年代)。这个断代上的证据间接表明，营盘就是"注滨"。因为郦道元的文字（或他的资料来源）显示，当获得《水经注》中的信息时，注滨城和楼兰城仍是有居民的。

我们知道，在大约公元4世纪中叶的时候，楼兰遗址就被废弃了。而营盘则可能一直沿用到了唐代。我们在营盘捡到的唐代钱币，以及在库尔干和接近库尔勒发现的烽燧的对比证据就证明了这一点。这也完全是人们意料之中的事。楼兰道被弃后的很长时间，从鄯善那个方向（即罗布地区方向）到库尔勒去的交通，很可能仍沿用着经过营盘的那条方便的古道。营盘的沿用，其唯一原因就是这里存在着地表水，从而有可能从事农业。直到现在，由于营盘附近的库鲁克河上的泉水和牧草，从罗布沿直道到吐鲁番去的人，仍把营盘当作不可或缺的休息地。

从上面的叙述中读者可以明白，我为什么对营盘附近的库鲁克河河床与孔雀河的现在河道之间的那片地面特别感兴趣。在营盘待的最后一天（3月20日），我进行了一次勘察。勘察表明，"干河"从我们的营地朝北拐了个弯，和营盘遗址下游兴地河的几条泛滥水道离得很近。此后，我们又朝西南方把"干河"追踪了3英里，之后河道就变得不清楚了。继续朝西南走下去的时候，我们路过了成行的死胡杨树，胡杨树是朝东南延伸的。这可能是孔雀河在从古代河床迁到现在的河床之间，经过的一系列过渡河道之一。拉尔·辛格在从孔雀二塘去营盘的途中，也观察到了这样的现象。当然，这些死树所在的布满沙丘的河道位置太靠南了，不会是注入库鲁克河的。

当天晚上，新的物资从铁干里克运来了。但令我失望的是，我在辛格尔和营盘都要求他们给我找的罗布向导却没有来。他之所以没来，大概是因为害怕引起官方的不快。没有了向导，我们朝库尔勒去的路上必然不会很顺利。但我仍坚持我原来的计划。我们将一起朝西走，直到孔雀河上。然后阿弗拉兹·古尔将朝南沿着孔雀河走，以便把他的测量同拉尔·辛格1913年1月从南面进行的测量连接起来。之后，他将继续沿着叶尔羌河岸上的罗布大道走到喀拉库木，再沿着孔雀河走到库尔勒。我自己则打算朝北走，穿过沙漠，在库尔干烽燧遗址那里走到营盘—库尔勒的道上去。按照赫定博士的记载，库尔干的烽燧是离营盘最近的。

3月21日，我们从设在营盘的营地出发，沿库鲁克河源头的宽河床朝西走。我们发现，河床中布满了沼泽和茂密的芦苇，直到上游约1.5英里远的一点。在那一点，几条深陷的沟从北—北西方向汇入了河床，它们是兴地河流域的末端。在这一点的库鲁克河河床中的水分，就是来自这些沟中偶尔泛滥下来的水。上面已经说过，从这一点开始，河床朝西南延伸了一段距离。显然，之所以这样，是因为兴地河泛滥水道末端堆积的冲积物使河道发生了偏折。我们走的是一条朝西去的古老的小道。我们注意到，小道在越过某些水道口时，水道中嵌着成束的红柳，似乎是想以此在湿地上给驮东西的牲畜形成一条通道。小道看起来十分古老。我们在离营地10英里的距离内，一直能在光秃秃的土上或肖尔（盐碱地——译者）上分辨出这条小道。关于它的起源还没有确切的解释。

古河床边一直有很多活着的胡杨树。但自从我们离开河床北岸后，胡杨树很快就消失了，连死树干也越来越少了。在离营地约3英里处，我们来到了一块光秃秃的地面，上面微有风蚀作用的迹象，并生长着极为稀疏的红柳，大多数红柳都是死的。走了7英里后，我们来到了一条约50码宽的河床。河床较浅，但却很分明，河床和岸上的成行死树一样都是东西走向，岸上布满了死芦苇。过了河床后，那条小道的踪迹又出现了。值得注意的是，在一个地方，小道延伸到了一块小土台地顶上，台地是风蚀作用从附近与台地平齐的地面上切割出来的。看来，要么这条小道特别古老，要么这里的风蚀作用进展得很快。在离营地约10英里的地方，我们来到了一条干涸的宽河床。河床轮廓清晰，大部分地方宽逾300码，两侧是成行没有枝条的死胡杨树。胡杨树看起来很古老。河床的平均深度都不超过12英尺，里面堆积了很多流沙。

这条大河床是从西边来的，它的下游河道连上了我们前一天在营盘营地西南的一点勘察到的河床。看来，它把库鲁克河和现在的孔雀河联系了起来（孔雀河仍在我们西边5英里远的地方）。当然，我们无法准确判断它是在什么时候断流的。我们沿河床南岸往西走了约1英里，越往前走，河床里的高沙丘就越多。然后，我们折向西—南西方向，以便保证能在天黑之前找到水。我们越过了一系列短而高的沙丘（都是南北走向），接着又遇到了一条干河床。这条河床要小得多，但看起来很古老，河岸上所有的死树都伏在地上，像不规则的碎裂的木头似的。再往前沙丘变低了，在死红柳沙堆中出现了活着的红柳丛。在总共走了16英里后，我们陡然降到了一个蜿蜒的大潟湖中。潟湖中的淡水是孔雀河在最近一次冰面融化后泛滥下来的。我们已经可以在西边约1英里远的地方遥望到孔雀河的河床了，河床的标志就是成行的美丽的活胡杨树。于是，当骆驼在天黑前赶上来时，我们在潟湖边扎了营。

第二天早晨，我们开始分头前进。阿弗拉兹·古尔和那两个铁干里克人将沿着孔雀河往南走，一直到孔雀二塘那个渡口。我则折向北方，根据赫定博士的地图，库尔干遗址就在那个方向。走了约0.75英里后，我们穿过了一条朝东延伸的不大的干河床，河床边上的大部分死树仍是直立的。此后，地面上布满了6~10英尺高的沙丘。在沙丘之间，不时出现已"死"的红柳沙堆，说明在遥远的从前，孔雀河的水分是可以到达这里的。总共走了6英里后，我们遇到了一条大河床。在我们越过去的地方，河床宽

120码，深约8英尺，呈西北—东南走向。从它的走向看，它很可能和我们前一天穿过的宽河床连在了一起。河床岸上是成行的死胡杨树，许多细树干都倾倒在地上，而其他一些较小的树仍直立着。河床底部是砾石，这说明我们正在走近萨依的脚下。

过了这条河床，我们走在一片广阔的光秃秃的土地上，地面上不时有小沙丘。沙丘的中轴线是东西走向，说明此地盛行的是北风。我们穿过了几条小河床，它们岸上都没有死树，看起来似乎是偶尔流下来的水冲成的。接着，我们遇到了活着的灌木。在离营地约9英里远的地方，我们来到了一条十分醒目的宽河床。河床岸上成行的大胡杨树都倒了，开裂得很严重。死树的样子表明，它们死的时间比南边那些河床岸上的树要久得多。河床约150码宽，而岸上的死树行则形成了足足500码宽的地带。河床从西北方向来，朝营盘方向延伸过去。从平面图上的相对位置判断，这条河床似乎位于库鲁克河最上游的直接延长线上（兴地河尾闾水道就是在库鲁克河的最上游汇入库鲁克河的）。这条河床的下游可能被兴地河那些水道的冲积物掩埋了，或是被迫改了道。遗憾的是，由于时间紧迫，加上两个水桶中的水有限，我无法沿这条古河床往下游走，一直走到它被掩埋或被迫改道的地方。在河床边一条很高的沙丘链上，我在尘沙中望到了北—北西方向的库尔干遗址。从遇到古河床的那一点起，我们又走了2英里就到了库尔干。地面上有很多耐旱的灌木，偶尔从光秃秃的砾石萨依上流下来的水滋养了它们。在遗址附近还出现了小丛的芦苇，这表明，如果在那里挖井，要不了多深就可能挖到水。

第三节　到库尔勒去的古道沿线烽燧

我们到达库尔干（3月22日我们就扎营在那里）时天色尚早，于是我在天黑之前仔细查看了一下小烽燧遗址 Y.I。1896年3月赫定博士首次探访了库尔勒道沿线的这些烽燧，并作了简短却准确的描述。单从他的描述中我就看出，这个遗址十分古老。遗址中间是一座粗大的烽燧，烽燧周围环绕着一圈正方形围墙。烽燧和围墙的建筑样式，立即使我联想到在敦煌及其东边的中国古代长城线上看到的烽燧。从图14中可以清楚地看出来，烽燧上每隔约4.5英寸厚的一层土坯（土坯放置在灰泥之中），就夹了2~3英寸厚的芦苇层。土坯平均长15英寸，宽7英寸，厚约3英寸。这些尺寸都和敦煌长城上常见的土坯十分吻合。技术细节上的共同点说明遗址的年代是很古老的。由于它小心地采用了同样的建筑方式，所以保存得比较好。

烽燧仍高达29英尺。除了朝南的那一侧，都没有受到太大的损坏。烽燧顶上的里面有一间12英尺见方的小屋，但再往下里面则塞满了碎石。由于我手头的人手极少，时间也匆忙，所以没法进行清理。在离地面约20英尺高的地方，烽燧的侧壁有7英尺厚。烽燧底部的侧壁似乎加厚到了11英尺，所以整座烽燧的形状看起

图14 从营盘至霍拉中途 Y.I "堡垒"即哨所遗址（从东北向西南看）

来有点像金字塔。从图15中可以看出，烽燧南面有一条宽5~6英尺的豁口，从顶部一直纵贯到地面附近。到烽燧里面去的入口必定就在这个方向，这就是这个奇怪的豁口的由来。豁口两侧的土坯中支出木桩。这说明，除入口外，烽燧的这一面都筑成了实心。只是入口的木头被毁后，土坯层和芦苇层逐渐坍塌，这才造成了这个豁口。烽燧里面大概用木头分成几层。从烽燧里红色的碎土

图 15　Y.I "堡垒"即古哨所的望楼和围墙（从南向北拍摄）

屑判断，入口和整座烽燧内部似乎都被火烧过。

　　这座烽燧的一个有趣特点是在离地面约 12 英尺高的南侧有观察孔，但其余侧面没有观察孔。这些观察孔在外面都有一个三角形的开口。烽燧周围的围墙上的观察孔也是如此。在围墙上可以清楚地看出，观察孔在里面拓宽了。观察孔是成行排列的，纵向间隔约 2 英尺，横向间隔 5~6 英尺，相邻行中的观察孔呈梅花形五点排列，这样在射击或射箭的时候能用上的观察孔数量是最多的。烽燧只有南面有观察孔，而这一面正对着围墙的大门，再加上观察孔离地面只有12英尺高。这些都说明，观察孔的主要目的是通过集中"火力"来加强对围墙大门的保护。

烽燧周围的围墙顶部只有3.5英尺厚，但底部是用厚厚的芦苇捆做地基的，墙上还横向插了结实的胡杨木桩，以便起加固作用（烽燧上为了加固也用了木头）。围墙有些部分朽坏得很厉害，但到处仍可以看到墙基。墙基上用了芦苇层，有助于避免风蚀作用。东北角和西北角完全毁坏了，说明在这里盛行风的威力是最大的。保留下来的残墙最高的地方约有10英尺高。从烽燧上的观察孔的高度来看，原来的围墙不会比10英尺高很多。

南墙和西墙的里侧明显有被火烧过的痕迹，火可能毁掉了依墙而建的营房。在围墙里的其他地方也发现了烧红的土和灰烬。碎石上挖出的浅坑下，露出了烧过的木头。在烽燧西面和北面的脚下发现了大垃圾堆，垃圾堆下是灰烬层，灰烬底下则是被火烧红的土壤。显然，在烽燧被火烧过之后，烽燧里面又有人住了，垃圾堆就是他们留下的。的确，外围墙可以为人们遮挡住沙漠地区肆虐的狂风。在围墙东北角的垃圾堆的表面附近，我们捡到了一枚开元通宝的碎片。这说明，后来住人的时期，比最初修建并戍守这座烽燧的时期要晚得多。垃圾堆中大多是牲畜粪便、木片和芦苇秸秆。与这些东西掺杂在一起的文物中值得一提的有：铁附件，大概是悬挂剑的吊环；青铜挂饰残件和青铜带扣；一枚比较特别的铁箭头；拨火棍残件；竹箭杆残件；细绳编的鞋子残件，与在楼兰 L.A 遗址和长城烽燧线上发现的鞋子属于同一类型；各种丝织品和毛织品残件。这些遗物再加上那枚钱币，说明一直到唐朝时这条道上都有交通来往，甚至唐朝以后也可能如此。

考察了这个遗址以及我后来在途中看到的其他烽燧的建筑特征后，我认为这座小堡垒属于西汉时期。在公元前1世纪的第25年到50年间，西汉王朝设置了都护，标志着西汉王朝已经牢固确立了对天山脚下的控制。在那之前，经过楼兰到天山脚下及北部绿洲的新开通的道，肯定是需要保护的，以防备匈奴的袭掠。匈奴人很容易就会从焉耆谷地方向下来。对于控制了焉耆谷地头部的尤勒都斯高原牧场的游牧部落来说，焉耆谷地是一道永远敞开的大门。同时，匈奴人也可以从吐鲁番方面越过西库鲁克塔格过来。《汉书》告诉我们，公元前101年，西汉王朝曾有一段时间在轮台和临近的渠犁（位于轮台南边的英其开河和叶尔羌河上）设置了军屯点。这些烽燧所戍卫的古道是到轮台去的最方便的交通线。对渠犁那个军屯点来说，这条道路也是很重要的。从楼兰方向到渠犁去的人，最简单的办法就是经过尉犁（即孔雀河上游的垦殖区），因为尉犁紧邻着渠犁。

3月23日，我们从这个古烽燧出发朝西北走，以便找到那一系列烽燧遗址。最先发现它们的是赫定博士，在从库尔勒出发后的路上，他的向导把他带到那些烽燧那里，他还对它们进行了简要的描述。根据那里"易腐烂的东西"以及烽燧较好的保存状况，他觉得它们只是几个世纪以前的建筑。但我敢肯定，它们都是十分古老的。可是，我不敢断定自己一定能找得到所有的烽燧，因为我们并没有一个熟悉这一地区的向导。我知道赫定的全面考察是极为精确的，但哈森斯坦因博士绘制的地图无法代替当地向导，因为地图的比例尺太小，而且没有标出烽燧的位置。幸运的是，赫定博士这位杰出的探险家详细描述了地面状况。从他的描述中得知，我们可以一直沿着砾石萨依的脚下走。因此，尽管现在刮着尘沙，我们仍能看得见途中经过的烽燧。由于赫定博士已经描述过我们在寻找烽燧遗址时穿过的地面，我就尽量缩短这方面的内容，而只来说一下地面的大致状况。

我们朝赫定博士所说的离我们最近的那座烽燧走。一路上我们离台地般的萨依边越来越近，先前我们是在营盘遗址最后一次看到这条萨依边的。这行台地有30英尺高。当山谷中有河床延伸下来时，台地行才中断一段距离。但在其他地方，台地都极为醒目。有的地方的台地朝后退，像悬崖林立的"海岸线"一样形成小水湾。有的地方被水冲成了像手指一样伸出的部分。我在库鲁克河的北边以及疏勒河尾闾沼泽盆地边上，都见过这样的地貌（当然，疏勒河那里的规模更大些）。我们似乎仍走在古代罗布泊的岸边一样。罗布泊曾经占据了整个罗布沙漠，并朝东一直延伸到拜什托格拉克。在左侧朝西的地方，我们一直可以看到一条植被带，其中有灌木、高大的红柳沙堆，偶尔还有几小丛胡杨树。它们表明，孔雀河现在的河床离我们不是太远。实际上，远方隐约可以看到一条黑线，大概就是孔雀河边的树林。

走了16英里后，我们就望到了赫定博士称作阿亚格吐拉（意为低塔）的那座烽燧。它离 Y.I（库尔干）的距离，远比后来的烽燧之间的距离要大，所以我怀疑它和库尔干之间还有一座烽燧。但由于在布满红柳沙堆的地面上很难分辨出烽燧来，或是因为它朽坏得太严重，所以没有被人们注意到。果然，后来在萨依其开（"其开"是"拐弯"的意思）东南面的树林中，一个叫依布拉音的猎人（来自希尼黑）加入了我们的队伍，他证实了我的想法。Y.II号烽燧同样也隐藏在密布的红柳沙堆中。要不是我们在萨依的高处走，也不会看到它的。它附近有芦苇丛，南边还有一条胡杨树带，这些都表明，我们曾从中穿过的那些小河床可能把地下水带到了它附近。显然，在建烽燧的时候，这里可以找到水源。不出所料，我们果真在烽燧南边约30码远的地方发现了一个浅坑，大概是一口古井的位置。我们在那里挖了约4英尺深就挖到了湿土。但由于土壤中浸了肖尔，我们是别指望挖到能饮用的水的。因此，我们放弃了在这里扎营的打算。

仔细查看了 Y.II 号烽燧（图16）后，我们发现它的特征很像我在中国古代长城线上看到的几座烽燧。它的大小和布局都是敦煌长城上常见的，烽燧西边是营房，营房的墙保存得很差。烽燧和营房都坐落在一块小高地上。小高地本是一个很大的红柳沙堆，被削过后又被人为地扩大了。现在高地的中央比附近生长着灌木的地面约高12英尺。烽燧建在高地东侧，仍有20英尺高。烽燧地基原来有20英尺见方，但烽燧脚下的西面和南面又添筑了倾斜的土坯，以便使烽燧更坚固。添筑的部分最底下约有7英尺宽。添筑的部分和原来烽燧的外壁上，使用的土坯和Y.I以及敦煌长城的大部分烽燧的土坯都一样。每隔16英寸的土坯，就出现芦苇层。

图16　在到库尔勒去的路上经过的Y.II号烽燧遗址

这条经过加固的土坯外壁厚2英尺。里面的核心部分是土层和芦苇层交替使用而筑成的，每隔12英寸的距离就夹一层芦苇。烽燧北侧的外壁由于地基塌陷已经完全剥落，露出了里面的核心，核心上的芦苇层有被烧过的痕迹。

烽燧西边稍高些的地面上是营房的位置。那里有夯土筑成的矮墙，但营房遗址的主要部分是成行的木桩，看来它们是用篱笆条和灰泥筑成的墙残存部分。墙围成的地方长27英尺，宽9英尺。一角有个圆形大洞，洞中有陶器碎片，可见那里的房屋地面上曾放了一个大罐。在东北面那堵墙的里面，我们可以分辨出一个用灰泥筑成的灶的痕迹。墙围成的这个长方形地方覆盖着厚厚的垃圾，主要是芦苇秸秆和马粪。但在南角附近，我们发现了一些遗物，其中有一把大木梳子的残件；泥工用的粗糙的木镘刀（图17）；一双做工精致的绳鞋，与在 L.A 和敦煌长城上发现的绳鞋属于同一类型；绕绳木（图18）等。特别值得一提的是一个正方形的骨制小骰子，骰子的各个面上都有数字，数字的标法和在米兰的一处吐蕃要塞中发现的骰子一样。还有一幅已碎成几片的纸画（图19）也值得一提。画面前景中画一座中国式建筑，一个怪异的人朝建筑走来，其他残片上还出现了一个奇形怪状的动物。许多轮廓线上都有小穿孔，似乎是想作为模版用的。

这座烽燧遗址的一个奇怪之处是它的护墙，其目的是拓展南面的平台。护墙是用交替出现的土层和芦苇层筑成的，每层都约是4英寸厚。它很像遥远的花海子长城上的 T.XLIII.h 的护墙，用

图17　木镘刀

图18　绕绳木

图19　纸画碎片

意都是确保被选作烽燧地址的红柳沙堆顶上有更大的空间。为了使平台伸出的这部分更加坚固，也为了更容易到平台顶上去，护墙底下修了两个很结实的彼此垂直的斜面。这些斜面有3英尺宽，是由短木桩构成的，木桩插在土层和芦苇层中。成行结实的垂直木桩将短木桩固定住，斜面外用灌木枝护住。整条护墙看起来特别坚固，在建筑技巧和严整程度上看，它可以和我在敦煌以西看到的汉长城相媲美。那段长城经过了两千多年的时间，仍矗立在光秃秃的大风吹刮的沙漠上。显然，这座烽燧也出自中国人之手，他们和汉长城的筑造者们受的是一样的建筑技术的熏陶。

　考察这些遗址使我们耽搁了下来。当我们回到萨依边上，继续朝赫定博士所说的泉水走时（他的向导把泉水所在的地方叫喀尔塔），我们没能发现他所说的泉水附近的烽燧。远处一个高高的红柳沙堆在暮色中看起来很像是一座烽燧，引得我们又朝前走过了两处小石堆，而在那里我们大概本该折到南边的红柳和灌木带中去。最后，当这一天总共走了约27英里的时候，天色已晚，我们只得在稀疏的胡杨树林中安了营。除了南边一块覆盖着软肖尔的地面（显然是孔雀河的一条古河床），营地周围到处都找不到水。马已经两天没有饮水了。而如果折回去，很可能要费很多时间才能在那扑朔迷离的地面上找到那些泉水。于是我让阿布都拉马里克和两个人带着马和骆驼往南边走，在那个方向上他们就能到达孔雀河边，或是到达孔雀河补给的某个潟湖。这一晚我们是忧心忡忡地度过的，水刚好够营地的人使用。第二天早晨我们等了很长时间，那些人和骆驼才与我们会合。南边那条古河床中有的地方是盐沼，他们费了好大的劲才越过河床。他们接着往南走，越过了一块宽宽的结着盐壳的地面，又越过一条沙丘，猛然发现自己来到了一个淡水小潟湖边，潟湖显然是最近的河水泛滥形成的。在那里他们让牲畜饮了水，并将两个大桶都装满了水。潟湖附近只有死树，但在破晓的时候，他们在远处看到了一行活胡杨树。据阿布都拉马里克估计，他们在返回营地的途中，走的直线距离有4.5个"炮台"那么远，即8英里。根据赫定博士1900年的地图，他从孔雀河上的迪勒帕尔朝东北走，经过差不多是8英里的距离，来到了一点。看来，那一点离 ccil 号营地不会太远。

早晨，当我在树林带北边附近的一个红柳沙堆上进行平面定向时，望到西北方向有座大烽燧。我们已经浪费了不少时间，而且这一天在孔雀河的拐弯处（赫定博士说过，在萨依其开孔雀河拐了个弯）我们也别指望找到水。所以，我决定不再寻找已经被我们丢在后面的喀尔塔泉水以及泉水附近的烽燧，而是直接往视野中那座醒目的 Y.III 号烽燧走。走了约3英里后，我们就到达了那里。烽燧特别大，给人留下的印象很深（图20）。它现在看起来就像是座被截短了的金字塔，底部原来有55英尺见方，顶部有20英尺见方，目前约高30英尺。从顶部支出来的大木桩来看，原来的烽燧至少还要高出10英尺。在离地面7英尺以下的地方，烽燧上每隔4英寸就夹一层芦苇。但由于低处的坡上覆盖着成堆的碎石，我们无法分辨出芦苇隔开的是土坯还是夯土。烽燧底部用结

图20 在到库尔勒去的路上经过的 Y.III 号烽燧遗址

实的木头筑成护墙进行加固，北面的护墙仍有约4英尺高。地基以上的烽燧看起来也特别坚固，每隔1.5英尺厚的土坯层就夹一层芦苇，芦苇上是胡杨木大横梁，横梁又固定住大木桩，木桩则揳入凹槽中。于是形成了一个特别结实、特别完整的木结构。烽燧虽然已经没有原来高了，但仍能在软土平原上望出去极远。它建得这么高，目的是更方便地传递信号，因为它东南方的地面古代大概与现在一样也布满了茂密的树林和红柳沙堆。在 Y.III 号烽燧附近没有发现地表水或地下水的迹象。但在烽燧北脚下的碎石有垃圾堆，说明这里曾长期有人戍守。垃圾堆中主要是芦苇秸秆和牲畜粪便，在这些东西中我们发现了一块汉文文书残片。从字体的风格以及纸质来看，它使我想起了在楼兰发现的文书。我们还发现了两件木器，似乎是筷子。

尽管空气中有尘沙，但从 Y.III 号烽燧顶上仍可以望到西北方向有座烽燧。我们穿过平坦的土地朝那里走，地面上生长着低矮的灌木，还有薄薄的一层盐霜。走了约5英里后我们就到了那座烽燧。但到达之前，我们越过了从北边的山中来的一条水道，水道很宽，但特别浅。Y.IV 号烽燧（图21）在大小、形状和构造上，与 Y.III 号烽燧是一对，但它朽坏得比较厉害，不少土坯和起加固作用的木头都掉了下来。烽燧南侧是保存最好的部分。这座烽燧现在高约30英尺，但顶上支出来的木头表明，原来的烽燧比现在要高得多。胡杨树横梁都用凹槽固定住，坡上、北脚下以及西面的横梁都特别结实，长达20多英尺，横截面有8英寸见方。离地面10英尺以下的地方都是用单层土坯筑成，每层土坯顶上有一层芦苇，一层土坯加一层芦苇合起来的厚度是4英寸。再往上每隔5~6层土坯夹一层芦苇，芦苇中插着横梁，横梁用竖直的大木桩固定住。在东面脚下我们发现了一些垃圾，从中出土的东西有：粗糙的毛布残件、用植物纤维搓成的绳子、成团的绳子等。离南面

18英尺远的地方有土墙或土坯墙的痕迹，大概是营房的位置。

　　从这座烽燧顶上看不到别的遗址，平原上密布着很多12~15英尺高的红柳沙堆。在红柳沙堆之间我们尽量仍朝西北走，走了约4英里后，就来到了另一座烽燧遗址。它朽坏得很严重，远没

图21　在到库尔勒去的路上经过的Y.Ⅳ号烽燧遗址

有 Y.III、Y.IV 号烽燧那么醒目，因此没有被赫定的向导们发现。这座烽燧完全是用交替出现的芦苇层和土筑成的，芦苇层有 3 英寸厚，土层有 2 英寸厚。它的底部原来有 24 英尺见方，现在的高度只有约 12 英尺，但此外还应该加上它底下那座 8~10 英尺高的土丘的高度。这座土丘只可能是个老红柳沙堆，它的软土承受不住沉重的木结构。大概就是这个缘故，这里用的是比较轻的建筑材料。为了使芦苇层更结实，芦苇中插了短木桩。但这并没有防止整座烽燧朝东南滑，因为红柳沙堆的松土下陷了。在烽燧西面，我还注意到了芦苇层发生了奇怪的弯曲，我在敦煌以西长城上的某些地方也看到过这种现象。那些烽燧和 Y.V 号烽燧建筑方式相似，年代也接近，也是因为地面倾斜而无法建筑稳固的地基。显然，这都是因为必须迅速将烽燧建好，所以古人来不及防备这样的缺陷。而只有经过了很长时间后，这样的缺陷才会暴露出来。

现在，地面变得比较开阔了，但我们却看不到远处有烽燧。西面和西南面可以望到一行连续的大胡杨树，那就是现在的孔雀河道的位置。我们晚上就扎营在一条河床边。河床是弧形的，似乎是个潟湖。从茂密的芦苇和灌木看来，直到近些年前孔雀河的水还流到过这里。过了喀尔塔之后，萨依的台地边就看不到了，但现在萨依边重新出现在北边不远的地方。这里的萨依边要低得多，再往前走 5 英里过了萨依其开后，萨依边就很不容易分辨出来了。3 月 25 日，我们在萨依其开遇到了一条小路，它把我们带到了孔雀河岸边。孔雀河在这里朝北拐了个大弯，萨依其开就是由此得名的。幸运的是，在到河岸边之前一点，我们遇到了一个从库尔勒附近的希尼黑来的年轻猎人，他的名字叫依布拉音，这样我们总算找到了急需的向导。清澈的孔雀河水在一条深陷的河床中流淌，水量很大，河岸上长满了芦苇。这个景象对我们这些多少天都没有见过一条河的人来说，真是莫大的安慰。这里的孔雀河宽40~50码，我们无法得知河的深度，但最浅的地方也超过6~7英尺深。依布拉音说河中间有10个古拉其那么深。这虽然听起来像是夸张，但仍是值得注意的。

依布拉音不知道萨依其开东南还有什么比 Y.IV 号烽燧更近的遗址。但他带着我们走了 3.75 英里后，把我们引到了一个他称为格日勒伽克吐拉的地方，这就是 Y.VI 号烽燧。这座烽燧朽坏得很厉害，坐落在红柳密布的高沙堆中。要不是有依布拉音带路，我们很容易就会错过它。它的建筑样式似乎和 Y.III~Y.IV 号烽燧类似，但烽燧的坡上盖着厚厚的软土（这大概是因为这里的水分更多），烽燧脚下部分地方长满了红柳，所以我们没法进行细致的考察。它的芦苇层之间似乎既用了土坯，也用了夯土，并用胡杨木的横梁和木桩做架子。烽燧现在高约22英尺，顶部约有20英尺宽，横梁的末端从顶部支出来。我们无法准确地量出地基的大小。西南坡有很多秸秆和木片，在那当中，我们发现了一只绳鞋和各种丝织品、毛织品碎片。从垃圾堆的位置看，烽燧顶上曾有守望的人。

过了 Y.VI 号烽燧后，依布拉音所知道的最近的烽燧就是桑耶烽燧了，那里足足有15英里远。显然，这个距离对于烽火信号的传递来讲是太远了。现在，我们走的古道贴近了库鲁克塔格脚下的小山。因此我想到，中间大概有一座烽燧，就坐落在从小山朝格日勒伽克库勒伸出的某条低岭上。这样的位置正处在以 Y.VI、Y.VII 号烽燧为端点的直线上，而且由于岭的高度，就用不着建一座醒目的烽燧了。过了 Y.VI 号烽燧，我们先是沿萨依边上走，然后又穿过浸着盐的光秃秃的土地朝河边走。我们经过的地面都十分开阔，任何稍大点的遗址都不会逃过猎人和其他由此经过的人的眼睛。格日勒伽克库勒和孔雀河相连着，它边上的树林带被当作放牧的地方。但我们到达湖边的营地时，小路变得十分清晰了。北面朝孔雀河伸下来的库鲁克塔格的山谷高处有榆树林，从那里往下运木材的车就是从这条小路经过的。

3月26日，我们很早就从格日勒伽克库勒动身了，希望能看完桑耶烽燧和亚尔喀热勒烽燧后，还能到达位于喀拉库木的县城。在营地附近的一处高红柳沙堆顶上我们已经望到了桑耶烽燧，但走了8英里后才到了那里。我们经过的地面都是光秃秃的土平原，风蚀作用已经在平原上切割出一些南北走向的尚处在雏形阶段的小雅丹。如果能用水渠从孔雀河上游引水下来，这片地面似乎是完全可以种庄稼的。桑耶烽燧坐落在砾石萨依突出来的一块台地上（图22），是用土坯筑成的，看起来十分醒目。它的东、南、西面都朽坏得比较厉害，大概是附近的一条河床对台地底部侵蚀的结果。但烽燧北面和与北侧相连的一小部分西面仍是笔直的，高

图22 在去库尔勒的路上经过的 Y.Ⅶ号烽燧遗址

达25英尺。仔细查看后我们发现，烽燧里面原来是一座底部有35英尺见方的烽燧，用土坯筑成。后来在外面又添筑了土坯，把烽燧底部扩展到了57英尺见方还要多。在原来烽燧的东北角，稍微刮一下外面的土坯就会看到里面涂在原烽燧外的灰泥。原来烽燧的土坯和后来加筑的土坯大小完全一致，每四层土坯上夹了一层芦苇。为了使烽燧更加坚固，还使用了木头，但由于烽燧本身比Y.III、Y.IV号烽燧都坚固得多，所以用的木头也比它们少得多。

根据上述这些建筑特征，我认为这座烽燧很可能和前面说的那些烽燧一样，也可以追溯到西汉时期。大概在原来的烽燧建了不久就进行了扩展，其目的可能是想使烽燧更高，以便视野更开阔。在南面和东面的碎石上发现了比地面高约8英尺的垃圾堆，垃圾堆中主要是芦苇秸秆。在离垃圾堆表面只有几英寸的地方，我们发现了两小块皮子，出自上漆的鳞片甲。它们的黑地上都装饰着红色图案，很像我们在米兰的吐蕃要塞挖掘出的皮鳞片甲。皮片上仍粘着皮绳子，在米兰的鳞片甲上，这样的皮绳子是将甲固定在一起的。从和米兰文物的相似性以及发现皮子的位置来看，这些皮子很可能是在唐代被丢进垃圾堆的。唐代时，尽管这座烽燧已经朽坏了，但仍可以作为人们一个方便的休息地。在萨依台地朝外伸出来的一个窄部分上，离烽燧北面约100码远的地方，有分散的墓葬，分布区域约50码宽。墓葬在很久以前就被挖开了。依布拉音说，他父亲告诉他，这是大约40年前（即阿古柏统治时期）库尔勒人干的。墓葬中没有棺材，只有一点枯骨的残迹。它们大概是在路边这座荒凉的烽燧死去的士兵或过路人的坟墓。

从Y.VII号烽燧可以望到亚尔喀热勒烽燧。走了7英里后，我们到达了那里。经过的地面上先是又出现了红柳沙堆，接着又出现了芦苇。路边台地般的砾石缓坡边在亚尔喀热勒附近分割成了很多高大的台地，亚尔喀热勒就坐落在其中一块台地上，它也是因此得名的。台地是风蚀作用在萨依表面的砾石下的土上塑造出来的。由于粗沙被从山脚冲了下来，风找到了能大施威力的地方。台地是南北走向的，清楚地揭示了盛行风的风向。在离亚尔喀热勒还有0.25英里的时候，我们路过了这样一块较小的台地，它被风切割或挖出的土"墙"使它看起来像是个建筑遗存似的。

　　Y.VIII号烽燧所在的那块台地高达50英尺（图23），顶部有112码长，顶部的最宽处比60码稍少一点。在风蚀作用下，台地的顶峰是平的，小烽燧就大致坐落在顶峰上。烽燧的残墙有4英尺厚，只有南面（即带大门的那一面）仍高约10英尺。围墙原来围成一个从外面量有19英尺见方的正方形，但在"寻宝人"的破坏下，其余的墙都只约1英尺高了。地基是用粗糙的土块筑成的，以便把一块天然的小平台扩展成为底座。地基也被"寻宝人"挖过。墙上用的土坯是常见的尺寸。烽燧南墙下有一个垃圾堆，其中主要是芦苇秸秆和燃料的残片。清理了垃圾堆后我们只发现了一块写有汉文的纸和几小块素绸。从西南沿一条窄而陡的小沟如今可以登到台地顶上，古代必定也是如此，因为在登到一半的时候，在沟边的悬崖底下发现了一小层垃圾，和前面说的垃圾堆差不多，说明古代人们也从这条沟到顶上去。遗址南边和东南有10多座墓葬，分成两组，都在很久以前被打开过。墓葬都是南北走向，和台地走向一致。

　　由于那天傍晚我们要走很长的路才能到达西南的喀拉库木（县城就新设在那里），所以没有时间考察这些不起眼的坟墓了。我

图23　在到库尔勒去的路上经过的牙尔喀热勒烽燧遗址

们先是走在穿过一块长满红柳和灌木的地面，地面上有浅水道和
很多盐霜，说明从库鲁克塔格脚下小山的最西段流来的水，以及
孔雀河水渠偶尔泛滥的水，都有可能到达这里。离亚尔喀热勒约
7英里的时候，我们遇到了第一块孤立的农田。这一小块农田属于
老喀拉库木，即一个叫格日勒伽克的地方。然后，我们沿着浸了

水的道路（沿途是农田和未重新开垦的土地交替出现），来到了半被废弃的集市喀拉库木旧城。前一年春天，县城刚从那里迁到了喀拉库木"新城"。新城位于南边8英里远的地方，在孔雀河的北岸。天黑了很长时间后，我们才到达了"新城"。这一天我们整整走了31英里。

第四节　尉犁和现代喀拉库木

为了让人畜在艰难的沙漠跋涉后得到一点休息，同时也为了尽可能挽救我的一只骆驼（在桑耶附近，我们的向导依布拉音由于粗心，猎枪走了火，这只骆驼因此受了严重的伤），我只好在喀拉库木休整了两天。我们被迫把那只可怜的骆驼留在后面，并派了一个人照看它，希望将来把它带上来。但我们的希望注定要落空。后来，管骆驼的总管哈桑阿洪回到那个地方，不得不在别人的协助下杀了它。

事实证明，在喀拉库木休整是有用的，因为我获得了关于这个偏远的不太知名的中国小县的一些可靠信息。这个县包括罗布地区的最北部分，以及库鲁克河上游与库尔勒之间的地面。我在《西域考古图记》中曾说过，有理由认为，当代的这个县就是古代的"尉犁"。在此我只需简单说一下提到尉犁的中国历史文献。

《汉书》中说，"尉犁国"南面与鄯善和且末接壤。这恰恰与现在的喀拉库木地区的位置吻合。这个地区从库尔勒下游的孔雀河一直延伸到孔雀河在铁干里克下游与塔里木河汇流的地方。我们已经说过,《汉书》中说"山国"(即西库鲁克塔格)在尉犁以东240里,这就把我们带到了现在的喀拉库木附近。《汉书》还说,西域都护的治所(大概在现在的阳霞绿洲)在尉犁以西360里(《汉书》记300里——译者)。这个距离和方向也大体是正确的。而且《汉书》中称路从"渠犁"伸展到尉犁也是正确的,"渠犁"是沙雅下游的英其开河与叶尔羌河之间的河边地带。《汉书》记载的尉犁国有2 000户人口,而临近的库尔勒只有700户,这说明尉犁国的领土广阔。

《后汉书》没有专门提到尉犁。但那里有一个很重要的记载说,公元94年,班超击败并惩罚了"尉犁王"、焉耆王、危须(库尔勒)王和山国国王,并由此平靖了塔里木盆地。那些被击败的国家都在尉犁周边地区。《魏略》也把尉犁同危须、山国相提并论,并在描述楼兰以西的"中道"时,说这些小国全都是依附于焉耆的。最后,《唐书》也说尉犁在焉耆南边,但没有提供关于尉犁的任何细节。在此之后,我就找不到关于现在的喀拉库木地区的任何汉文或其他文字的资料了。但值得注意的是,现在中国官方把这个县的名称定为"尉犁",说明新疆现在的行政管理部门是知道这个古国的正确位置的。

从地理条件上可以看出,尉犁古国之所以重要,主要是因为它占据了孔雀河沿线的一条"走廊"地带。自古以来,这条"走廊"都联系着罗布地区的垦殖区（即"鄯善"或说是现在的若羌县，到敦煌、柴达木、吐蕃、和田去的各条道路都经过那里）和塔里木盆地的东北角以及天山脚下的大路。直到今天依然如此。无疑，但直接经楼兰联系着中国内地和塔里木盆地的古代中道经过尉犁时，它的地位就更加重要了。即便在中道被废弃之后，任何来往于北部绿洲和鄯善那条交通枢纽的商旅、行政管理人员和军队，也都必须经过尉犁。

决定着这些来往人员的地理因素以及他们所要从事的行政管理、商业或战略活动直到今天也没有改变。因此，自从清朝重新收复新疆后，行政管理部门就反复做过努力，想设立新的农业居民点，以便更方便从库尔勒到若羌的交通。这条交通线约有350英里长，而只有沿途的农业居民点可以提供物资。如果没有重要的居民点，这条道的地位就永远是不稳固的。这些举措遇到了很大的困难，产生的一个奇怪的后果就是，在大约25年的时间里，受命组织这样的居民点的地方官员的总部相继迁到了四个不同的地方。这样的反复迁移，使尉犁县仿佛一个流动的县城似的。亨廷顿教授就注意到了这个现象。当他1906年从楼兰方向来到铁干里克时，得知了这些迁移，并得出了这样的结论：迁移表明了人们遇到了自然条件的困难，楼兰古国也遇到过类似的困难。当然，现在的困难比楼兰时候要轻些。同时，他还认为现在这些建立居民点的条件，和古楼兰时期的条件之所以有差别，是因为"气候在长期内发生了重大变化"（这是他的一个理论）。尉犁县城先是从江库勒迁到铁干里克下游的多拉尔，之后又在1901年迁到了喀拉库木。亨廷顿教授认为，这完全是因为"河水盐度太高"的缘故，这样的河水灌溉过的田地会连续两三年长不出庄稼。

在这位杰出的地理学家的解释下，这些奇怪的迁移问题就直接具有了半考古学上的意义。亨廷顿教授认为塔克拉玛干南边的古代遗址之所以被弃，也是因为水源的盐度增高的缘故。但我考察了那些遗址后，并没有发现支持他的观点的明确证据。亨廷顿教授本人也没能亲自踏访一下那些刚被废弃不久的县城。因此我现在就抓住在喀拉库木新城（这是座正在兴起的城）休整的宝贵机会，来搜集一些关于老喀拉库木的可靠信息（县城最近一次就是从那里迁过来的），并看一下是什么原因使人们废弃了那里。幸运的是，我可以在几个截然不同的县城地点进行探问，从而能对所获资料进行比较。

我得到了一个宝贵机会，从本县的前任地方长官黄大老爷那里获知了官方对此的解释。他是个十分有头脑的东干人，能流利地说突厥语，卸任后正要回到乌鲁木齐去。他在任有好几年的时间，对自己辖区的情况很熟悉。同时由于卸任，辖区的事务已和他没有了直接的利害关系。所以他能对这个问题坦率地发表看法，这是在任的中国官员中不多见的。同时就我看来，他的看法不带偏见的。黄大老爷说，在塔里木河下游的罗布地区鼓励农垦之所以很困难，一部分是因为河的支流的不稳定。由于河道变迁，水渠的源头经常难以维持，这种情况更有利于在别的小居民点开辟新渠，而不利于维持旧有的水渠。但这种困难局面更是罗布当地人的态度造成的。他们自己的生活方式不适于从事稳定的农业生产，也不愿意移民到那里定居。因为他们害怕这样一来，留在当地的移民会影响他们的放牧和传统生活方式。尽管如此，铁干里克作为那一地区的一个大村庄，仍是扩展了。阿弗拉兹·古尔独立报告给我的铁干里克的情况证实了上述说法。阿弗拉兹·古尔说，铁干里克有大约150户人家，其中占很大比例的是吐鲁番人，有些人定居在那里才只有20年。他没有听人们抱怨被肖尔毁掉的农田。但人们的确抱怨说，由于河道的变化，水渠中的水量有时会减少。

影响着喀拉库木命运的，却是与此截然不同的条件，我们从喀拉库木的地理状况中就能明白这一点。看一下地图我们就知道，喀拉库木的农田位于一个大角落里，北面是库鲁克塔格的一个低矮的外围高原，东边是朝东南延伸而去的山脉的缓坡，其余几个方向上则被孔雀河弯曲的河道围住。喀拉库木的灌溉水源并不是来自临近的孔雀河河道，而是来自一条大水渠。大水渠的起点在库尔勒上游，离博斯腾湖水流出山区的地方不远。这条水渠在巴什艾格孜村附近的一条豁口，穿过了上面说的那座高原。然后，水渠经过了繁荣的村庄希尼黑，把水灌溉在老喀拉库木那块广阔肥沃的冲积平原上。因此，这里的农业是完全不受河流改道或河水水面下降等条件限制的。它几乎是从博斯腾湖那个巨大的水库直接获取了稳定而充足的水源（博斯腾湖吸纳了很大一段高峻天山的水）。水渠中的水和博斯腾湖的水一样是淡水，并不是因为水渠的咸度给喀拉库木带来了麻烦。

在老喀拉库木附近的农田，有的地方出现了肖尔，对农田产生了恶劣的影响。黄大老爷告诉我们，那里的肖尔和别的地方一样，是过度灌溉却完全不考虑到排水直接造成的。后来我问到的一些喀拉库木的老居民也承认这是事实。那块平原几乎是一马平川，如果任由水滞留在田地周围，水必然会使土壤的盐度越来越高，造成产量的锐减。在印度和中国新疆地区，如果水量充足的水渠末端不采取有力措施进行排水，都会造成与此完全一样的困难局面。即便是在地面有坡度，水能自然地排走的地方，在干旱地区新开辟的农田也得与盐霜进行多年的抗争（如果进行灌溉，盐霜就会出现在地表）。在塔里木盆地的旧绿洲附近，不论是在官方的压力下，还是在人口增长的经济条件的影响下，如果有计划地坚持开垦新田地，上述的困难是可以逐步克服的。起初产量很好的新绿洲，过了几年后产量会锐减。这时，垦荒者们会怨声载道，甚至经常想着废弃这块田地。但再过几年后，土地逐渐又变得肥沃了，对垦荒者来说也就有价值了。

但在喀拉库木，缺少那种使这一过程顺利进行的人为因素。我认识了很多期待成为新居民的人，官方提供种子以及进行暂时保养土地的政策，把他们吸引到了喀拉库木新城（坐落在孔雀河北岸，一般被称为孔雀）。他们都属于那种流动的人口，来自叶尔羌、库车、和田等遥远的绿洲。我清楚地记得在车尔臣、瓦石峡、若羌见过他们这种人，这些地方都是官方急于"开发"的地方。他们中大多数是游手好闲者，或是有冒险精神的人，不安于在已经比较拥挤的绿洲靠持续的劳动过稳定的生活。比较体面的当地人一般把他们称作木萨非尔（即流浪汉）。他们在开垦新农田的活动中扮演了重要角色。

显然，这些流动的人口并不适于克服开垦土地的人所面临的那些最初困难。老实说，他们也没有这样做的意图。尉犁县面积很大，从县里其他小地方来的体面的头人正在新建的衙门里担任职务。他们毫不掩饰地告诉我们，聚集在新城巴扎（集市——译者）的众多所谓的居民是不会待在这里超过一两年的。他们收获了最初的好收成，并把官方的预付的东西（这些东西是经衙门的很多双贪婪之手后才最后到他们手里的）消耗掉后，就会逐渐离开，到别的地方去扮演同样的角色。那些地方的长官可能野心勃勃，为了获取名声，更为了捞取利益，打算建立新的居民点。因为，用不着太熟悉这些小衙门的办事方法我们就会知道，不管高层的真实目的或公开宣称的目的如何，建立新居民点或迁移旧居民点的最直接动机，就是地方长官和他的手下人可以从拨给这项事业的款项中捞取好处，而他们由于在没什么赚头的地区任职，平时捞到的好处是很少的。

那个将要退休的阿班告诉我们，关于最后一次迁到喀拉库木，官方的解释是，这个新开辟的居民点的农田靠近孔雀河深陷的河床，农田会因此而受益。孔雀河可以成为天然的排水通道，这样就可以防止因为水滞留而导致肖尔对田地的损害，而老喀拉库木大多数"暂时"的居民都不打算通过艰苦劳动来克服这样的困难。前一次大约是在1900年县城从铁干里克下游的多拉尔迁到老喀拉库木的。在那一次迁移中，官方找到了一个很好的理由。那之前几年，很多东干人从西宁逃到了罗布，并被迫在多拉尔附近定居了下来。官方说，如果把东干人连同县城一起迁到喀拉库木，就可以更有效地对他们进行监视和控制。因为喀拉库木离库尔勒只有不到两天的路程，库尔勒有驻军，从库尔勒很容易就可以沿大道到达喀拉库木。不足为奇的是，随着官方警惕性的放松，这些被迫住下来的东干人很快从喀拉库木转移到了焉耆方向。在那里，他们可以加入一个东干人的老居民点，也能更自由地从事自己的传统活动。

在3月29日从喀拉库木新城往北走的途中，我观察到了一些现象，证实了我从上述这些信息中得出的关于尉犁县城最近一次迁移的结论。在2英里的距离内，虽然有的小块地方仍生长着茂密的红柳，但地面曾经过清理，田地已经布置好了。然后我们穿过了一块没有耕耘的地面。向导把那里的一条干河床指给我看，说那是一条古河道的源头，古河道和ccli号营地附近的格日勒伽克库勒相连着。之后我们来到了老喀拉库木的农田的南边，大多数田地上都长满了芦苇和灌木，但仍在开垦这块农田的人说，土壤的产量还是很好的。又走了1英里后，我们来到了已经半被废弃的老喀拉库木的巴扎及其萨拉依和衙门。在那里我探访了几个仍留在自己土地上的居民，他们中有些人是在1900年左右这个居民点新开辟的时候来的。他们表示，他们对耕种的田地非常满意。他们说其他人之所以离开，某种程度上是因为在某些肥沃的田地底下，水滞留了下来，使得周围出现了肖尔。这是水渠水量过大和排水不利造成的。但他们认为，绝大多数田地之所以被废弃，首先是因为上面说的那种居民的流浪的本性，他们总想到新地方去碰运气。其次也是出于官方的压力，官方要求他们废弃自己的土地，到河边的新城去开垦土地。在衙门附近的一个果园里，各种果树和葡萄仍很繁茂，充分说明土壤和水是适合它们的生长的。但由于四周都没人照看，它们会因为缺乏灌溉很快死亡。就在几年前，从库尔勒、轮台和其他绿洲募集了2 000多个义务劳力，拓宽了那条水渠，老喀拉库木和新喀拉库木的水渠都是从那里引来的。在上游的希尼黑附近，我测得的水流量有200立方英尺/秒，而且这个流量还很可能大大增加，因为这条水渠的起点在库尔勒上游，在那里孔雀河的水量在一年四季都大大超过目前所需的灌溉水量。

离开了老喀拉库木的最后田地后，我们穿过了一块辽阔的平原，平原上生长着大量灌木和芦苇。据说在那里不需挖很深，到处都是可以找到水的，而且还是淡水。这个地方如果有足够的人口，很容易就可以变成良田。在这样的地面上走了约8英里后，已经能望到希尼黑村了，我们又折向东北，来到了砾石萨依脚下的苏盖提布拉克泉水。泉水附近萨依的一块突出的低矮台地上，矗立着一座烽燧。从桑耶和亚尔喀热勒来的道路经过了这座烽燧。它已经坍毁成了一座形状不规则的土丘，土丘显然被"寻宝人"挖过。从它的位置看，它属于那条古代烽燧线（烽燧线的目的是戍守始于营盘的那条道路）。在相隔约10英里的Y.IX和亚尔喀热勒之间，我听说没有什么遗址。从地貌状况看，当这座烽燧是完整的时候，从这里大概是可以望到矗立在高台地上的亚尔喀热勒烽燧的。

这是从营盘到库尔勒古道沿线的最后一座烽燧。因此，在结束对它们的考察时，我要作一些概论。我们已经知道，保存最好的那些烽燧在所有建筑细节上都很像疏勒河尾闾以东的那段长城。那段长城是汉武帝修建的，其目的是戍卫中国内地向塔里木盆地进行商贸和军事的交通线。显然，执行汉武帝扩张政策的人想到，那条大交通线的延长线（即过了楼兰之后的部分）更需要用同样的方法加以保护，因为在西库鲁克塔格的脚下，匈奴人的威胁是最大的。西库鲁克塔格的脚下地区可以给劫掠者提供水和牧草。而另一方面，使团和商队只能在这一地区最北端的永久居民点获得保护。

我认为从营盘到库尔勒的烽燧，可以上溯到古代中国向外扩张的早期阶段。我在司马迁的一段重要文字中以及《汉书·西域传》中都找到了直接的证据。司马迁告诉我们，公元前102—前101年李广利第二次远征大宛（即费尔干纳）获得成功后，在敦煌地区设立了酒泉都尉，"西至盐水，往往有亭。而仑头（轮台）有田卒数百人，因置使者，护田积粟以给使外国者"。司马迁的著作很可能是在公元前99年或几年之后成书的。因此，他所说的在轮台设立的军垦区正可以追溯到敦煌以西的长城建立的那一时期（从敦煌以西长城出土的文书证明了那段长城的建筑年代）。轮台就是库尔勒以西的大路上的布谷尔绿洲。在到轮台的交通线上设置烽燧也必定是那些年间的事。我们无法得知当时建的那些烽燧沿用了多久。但从烽燧的垃圾堆出土的纸文书、唐代钱币和其他小文物来看，在楼兰被废弃后很长时间，从罗布方面来或到罗布去的人都把这些烽燧当作了方便的休息地。

还有一个需要考虑的问题是，这条烽燧线是否还继续朝北延伸了。苏盖提布拉克的 Y.IX 离库尔勒的直线距离只有约12英里，在这之间，我没听说过有其他这类遗址。但连接希尼黑和库尔勒的路东边的那个高原，是设置中间"信号站"的极好位置。由于高原比两侧的平地都高，传递信号时就不必建立高高的烽燧了。同样，库尔勒平原和东北的博斯腾湖平原的最西段之间，是库鲁克塔格的最西部分。如果在孔雀河出山的峡谷边上选一点，这将是设置烽燧的极佳位置。1908年11月，我在硕尔楚克上游明屋遗址的北边和西南发现了两座古代烽燧，就很能说明这一点。

我在《西域考古图记》中，详细描述了这些古代烽燧，它们在建筑细节上很像营盘—库尔勒道路沿线的烽燧以及敦煌长城上的烽燧。在那里我还指出，如果将烽燧线从库尔勒推进到焉耆谷地，将会十分有利。焉耆谷地自古就是匈奴人和其他敌人侵犯塔里木盆地的大门。如果有危险发生，那些烽燧可以及时传递信号。在库鲁克塔格的最外围山脉和焉耆谷地西侧的天山大分支（指霍拉山——译者）之间，孔雀河穿出了一条峡谷。这个关叫铁门关，它在《晋书》中出现过。公元345年，甘肃西部的地方统治者张骏派的一支远征军就是经铁门关从焉耆方面过来，征服了尉犁。1877年，阿古柏在他死于库尔勒之前的几个月，也是妄图在铁门关阻挡住清朝军队的前进。明屋遗址西南的烽燧，和苏盖提布拉克的Y.IX号烽燧之间的直线距离不足22英里，铁门关这个具有极高战略地位的地点就处于这两点之间。可见古人意识到了两座烽燧之间那条山脉为传递信号提供的方便。但只有细致而有计划地检查一下那里的地面，才会判断这一假设是否正确。遗憾的是，我在库尔勒期间特别忙，没能抽出时间来做这件事。

踏访了苏盖提布拉克的烽燧后，我又回到了希尼黑农田的北边。希尼黑是一片兴旺的小绿洲，它的灌溉水源也是把水引到喀拉库木的那条水渠。它和上游的巴什艾格孜村的人口合起来有50多户人，这些人家全都是在当地发生叛乱前从库尔勒迁到这里，如今已经完全定居在了这里。农田看起来很繁荣，四周是美丽的果园和葡萄园。看来这里的土地很肥沃，水源也很充足。巴什艾格孜坐落在一条宽约1英里的豁口中。豁口东边是覆盖着砾石的高原，高原与库鲁克塔格山的缓坡相连。豁口西边是块朝西延伸的孤立的小准平原，高约40英尺。实际上它只是后面的高原和萨依缓坡的延伸部分，被孔雀河的一条支流与后面切割了开来。以前，那条支流从这一点冲出来，使喀拉库木平原上铺满了冲积物。

　　这样看来，那条绕着高原脚下延伸，然后经过这条豁口朝喀拉库木延伸过去的水渠的路线，实际上是一条早期河道。原来它是一条小水渠，但在1900年被扩展了，以便能为新设立的居民点喀拉库木和希尼黑供水。我们在希尼黑测得的水渠流量约200立方英尺/秒。水渠的源头在库尔勒上游。如果从那里把水量丰沛的孔雀河更多地引入水渠，水渠的流量还可以大大增加。目前孔雀河流经库尔勒，经过了库尔勒绿洲西边的包头湖沼泽盆地，折了一个很大的半圆形才来到孔雀麻扎和喀拉库木新城¹。在现在的水渠沿线和古河床内，有一条很宽的牧草带。穿过了这条牧草带和上方覆盖着砾石的高原后，我们在3月30日共走了约9英里路后来到了库尔勒城。

　　1　从库尔勒到喀拉库木新城的水渠全长约40英里，而这两点之间的孔雀河大概有水渠的两倍长（这还不算孔雀河的任何小拐弯）。这样看来，如果有足够的人口，根据这一地区的水文条件就可以建一个很大的灌溉网。

第二章

从库尔勒到库车

第一节　沿着天山脚下走

　　库尔勒是我们四个测量小分队会合的地方。在那里，我欣喜地先后见到了拉尔·辛格、阿弗拉兹·古尔和穆罕默德·亚库卜。他们在完成各自的任务后，都安全到达了库尔勒。拉尔·辛格成功地把三角测量从辛格尔穿过西库鲁克塔格一直做到了库尔勒附近的小山。他凭着顽强的毅力，忍受了很多劳累和物资匮乏之苦。这些困难一部分是因为荒凉的库鲁克塔格特别支离破碎，一部分是因为天气条件特别恶劣。他遇到了一系列猛烈的沙暴，我们在南边也经历了这样的沙暴，沙暴天气在这个季节里是很常见的。11月时他曾从阿勒提米仁克拉克望到了阿尔金山脉的遥远雪峰。他克服了长期艰巨的困难后，判断出了那是些什么雪山。如果他的判断正确，那么我们就成功地把天山山系同昆仑山最北段的测量体系连了起来（昆仑山测量体系是印度测量体系的延伸部分）。阿弗拉兹·古尔在营盘离开我后，从铁干里克沿叶尔羌河边的大道进行平面测量，在喀拉库木到了孔雀河上。他全面测量了孔雀河下游的那段还没有人绘过地图的河道。穆罕默德·亚库卜是在我之前从吐鲁番沿大道来到库尔勒的。他把我的中文秘书和多余的行李安置在库尔勒后，就开始考察博斯腾湖的湖滨（是我让他这样做的）。但由于在安排驮运物资的牲畜时遇到了困难，他被迫耽搁了下来，只考察了从辛格尔来的小道到湖滨的那一点（那条小道是沿着阿勒吞郭勒延伸的）。

　　我住在库尔勒的大毛拉（伊斯兰国家对精通伊斯兰神学等有学问的人的尊称——译者）家那赏心悦目的花园里。在此期间，我忙于处理和将来的活动有关的各种实际事务，并校订我们几个小分队在离开吐鲁番后绘制的所有地图。我在这里收集到的信息已经记载在《西域考古图记》关于库尔勒及其古代遗址的文字中了。在该书中，我还详细讨论了一些中国历史文献，它们证明库尔勒地区就是小国危须，而且证明这个小国与焉耆有密切联系。自从我1907年来过之后，重新开垦田地的活动在稳步进行。这里的灌溉水源之丰富是塔里木盆地的任何绿洲都不能比拟的。据说，只是因为库尔勒人坚持称所有能开垦的土地都属于他们，从库车和吐鲁番方向朝这里移民的大潮才得到了控制。新开垦的土地迅速朝西扩展，在那里新居民点艾里克坎土曼正在开垦之中，焉耆的地方长官已经视察过那个居民点了。库尔勒绿洲的一个头人恰迪尔伯克（伯克是突厥人对小部落酋长、王室成员或高官的称呼——译者）告诉我，在当地发生叛乱之前，库尔勒的官方人口统计数字是 600 户。而现在如果把南边分散的居民点算在内，人口约有 3 000 户。他的说法似乎是有据可查的。那个大毛拉（这是他的半中国化的称呼，我就住在他家里）是个受过良好教育的人，曾在撒马尔罕学习过，并在朝觐途中到过印度。他在当地的行政管理有很大的权威。这说明，这片有取之不竭的水源的绿洲将来的前景是很辉煌的。

4 月 6 日，我们分成三个小分队，远赴喀什噶尔。我夏天将在帕米尔地区旅行，冬天要在遥远的锡斯坦展开工作。而且，我还要把文物都装箱安全地运到印度去。因此，我急于在 5 月底之前到达喀什噶尔。拉尔·辛格的任务是在季节条件和有限时间的许可下，尽可能多地考察天山主脉。我派穆罕默德·亚库卜越过孔雀河和英其开河，到叶尔羌河上去。我要他在条件许可的情况下，尽量考察叶尔羌河的主河道，一直到莎车地区的北边。我把大多数骆驼都派去跟他走，只驮着很少的东西。这样，它们在历尽辛苦后就可以饱餐河边丛林中丰盛的牧草，然后我就要将它们遣回去了。为了进行考古学考察，加之考虑到在有限的时间内要走漫长的路程（库尔勒和喀什噶尔之间的行程有 938 英里，我们共走了 55 天），我决定主要沿着天山南麓的那一长串绿洲走。

自古以来，塔里木盆地的商贸、一般交通和军事活动的交通线，主要就是经过这些绿洲的那条道，这就是中国古代的北道。既然这条道如此著名，我当然有机会观察到一些有趣的现象，有的和历史地理学有关，有的和北道沿线绿洲目前的自然和经济条件有关。但由于上述原因，我必须走快速前进，这使我记录下我们的考察内容外，没有时间收集这个广大地区自然状况的充足资料。另一方面，这些绿洲内或其附近的遗址，都已先后被走在这条大路上的德国、法国和俄国考古队在不同的时间考察过了，有的还被详细描述过。我也见到过这些遗址，但描述它们的工作必须留给那些考察过它们的人。所以，我的描述将只限于有广泛考古学意义的问题，或是还没被人考察过的遗址。同时我还要说一下在远离大路的地方看到的地面状况是什么样的，因为那些地方可能迄今为止没人说过。

4月6日早晨，我们开始分头行动，我和阿弗拉兹·古尔以及大本营里的人动身到库车去。我们尽量在库尔勒垦殖区北边附近的富饶的田地里面走，田野中的小麦刚长出来，果树上仍然繁花似锦。我们走的这段路和大路平行，大路延伸在天山的砾石缓坡脚下。无疑，大路是从孔雀河出山的那个峡谷直着延伸过来的，它在古代的路线也必定如此，这样才能避开西南的沼泽地。在沼泽地里，汇集了孔雀河西岸水渠中多余的水，以及田野中排出来的水。值得注意的是，在连续的田野的西端，过了都尔比勒村后，在比大路和沿着大路延伸的水渠高约200码的地方，有个看起来很古老的堡垒遗址。当时，它北面和西面的残墙仍有约26英尺高，16英尺厚。墙是用夯土筑成的。这些坚固的墙使我想起了在 T.XIV 古代玉门关遗址及十二墩（T.XLII.d）看到的长城堡垒。由于从附近山中下来的一条河的侵蚀作用以及人们在挖取肥料时造成的破坏，围墙里那块小地方的面积已经无法准确测量出来了。这座堡垒遗址大约可以追溯到汉代。我不禁想到，天山那些被侵蚀作用切割过的光秃秃的黑色山岩，曾有多少次看到中国军队从路上走过，走向帝国设在葱岭甚至葱岭以西的遥远前哨，却没几个人能够生还。

有直接证据表明，这里的古道经过了那座叫梯木的醒目的大土丘。我们在走了约16英里后到达了那里。它矗立在一些路边棚屋附近，棚屋位于一块新开垦的田地上方。这里是过了库尔勒之后的第一站。土丘原是一座烽燧，由于人们常在那里挖肥料，它已经变成了一个形状不规则的土堆，里面还有土坯。每两层土坯之间都夹一层芦苇，芦苇都已严重腐烂。从梯木可以望到先前说的那个古代堡垒。梯木南边几处地方可以分辨出用同样的土坯筑的围墙的残迹，有70多英尺长的西墙仍高达5英尺。离西墙100英尺远的地方，可以分辨出朽坏很严重的东墙的残迹。其余的围墙都被挖肥料的人完全毁掉了。遗址中有大量看起来很古老的红色陶器碎片，我认为这座烽燧很可能也是汉代的。

第二天，我们走到了22英里远的库尔楚。我们仍是沿着砾石缓坡脚下走，但没有什么遗址能说明这也是古道的路线。在我看来，古道很可能在南边，并大致沿直线朝轮台大绿洲延伸过去，这样就不必像现在的路这样绕行。现在之所以要绕行，是缺水的缘故。如今，只能在库尔楚、艾西买、策大雅小绿洲找到水，它们都离小溪能灌溉到的地方不远，那时小溪都还没有消失在生长着灌木的沙漠中。小溪是小山中或萨依边上的小泉水补给的。古代的时候，这些小溪大概能把水带到更靠南的地方，使那片地面能永久性地住人，而现在那些地方只有偶尔降雨造成的泛滥能够到达了。我观察到的两个现象支持了上述假设。1908年，我在恰尔恰克河边上寻找实际并不存在的科克达尔瓦扎旧城时，我那些自封的"向导"告诉我，曾有"寻宝人"在朝库尔楚延伸的光秃秃的土地上，搜寻在风蚀作用下露出地面的有价值的小东西。这正像在和田的塔提发生的事情一样。我们在库尔楚没有打听到什么信息，而我们已抽不出时间考察上述说法是否正确了。作出上述假设的另一个原因是，就在策大雅正南约14英里远的地方，有个叫阿格拉克的遗址。它位于一条分散的古代垦殖区线上，阳霞河以前曾流到了那里。那个遗址恰好就在连接库尔勒和轮台的直线上。考察了那个遗址后我们发现，它一直沿用到了伊斯兰时期。

去库尔楚的路是沿着缓坡脚下延伸的。路南边是一条连续的沙地，沙地上长着灌木和红柳沙堆，再往前还有胡杨树。从上方的山脉中下来的河床里都没有水。但在其中一条河床出山的地方，我们发现，羊塔克库都克兰干的水井在15英尺深的地方是有水的。库尔楚本身有一条小河灌溉，小河在上游约6英里处冒出地面，水流量约2立方英尺/秒。这已足够让这片小绿洲的16户人家从事农业了。我问到的人说，他们不知道南边有什么古老农田的残迹。

4月8日，我们走到了小绿洲艾西买。我们经过的地面和前一天差不多。路大多数时候都是沿萨依脚下延伸的，路南边是灌木和胡杨树林。在废弃的路边驿站库鲁克艾西买兰干，道路延伸到了一块宽阔的冲积扇东边，冲积扇是朝艾西买去的水道冲积而成的。据说现在把水带到艾西买的那条水道曾有一条水渠，水渠本可以到达这里，但被一场大洪水毁掉了。从地貌状况看，这是很可能发生的。有一口深约8英尺的井，说明如今仍有地下水能穿过冲积扇到达这里。而且，从艾西买艾肯来的泉水如今仍未到达艾西买。那处泉水起于上游约5英里远的地方，出自一条宽阔的河床中。自从前年10月后，在艾西买唯一能获得的水就是微微发咸的井水了。我从当地人那里得知，目前约有45户人家在艾西买从事耕种。在清朝收复新疆前，这里的农业完全废止了，后来只是通过移民才重新恢复了过来。据说在现在的田地下面两三英里长的距离内，可以看到一块旧农田，那里已经长满了灌木，有的地方长着高大的胡杨树。当地人认为，从古代开始水源就在减少。尽管水不充足，目前开垦的农田似乎在逐渐扩展。这是因为大路上的交通增多了，行政管理机关希望刺激农业来使交通更便利。这似乎说明，虽然水源可能发生了变化，但人类仍是这里农业的决定性因素。

第二节　都护治所

从艾西买走了约10英里后，就到了下一片绿洲策大雅。它比我们从库尔勒起经过的其他绿洲都要大，一条溪流灌溉着它。据拉尔·辛格的考察，这条溪是从尤勒都斯高原的高分水岭上流下来的，它夏天有时会带下很多雨水。策大雅的灌溉水源原来只限于1塔什的水，即水量只够前后六七个磨中的每一块石头转三个月的。有了溪水后，策大雅的水源就大大增加了。据说，这里的人口在当地发生叛乱前的时代以来也激增了，目前有大约160户人家。我在那里停留了两个小时，并拜访了那里的老人和头人，但除了前面说的阿格拉克遗址，他们不知道现在的绿洲下方还有什么被弃的农田。近些年从阳霞方向来的人曾几次试图重新开垦那些遗址的农田，我在下文还要说到这件事。

在清朝收复新疆后，中国学者曾认为《汉书·西域传》中常提到的西域都护治所"乌垒"就是策大雅。但在讨论这个问题之前，我还是先来说一下两片较大的绿洲阳霞和轮台。走过策大雅后，沿着大路就会依次到达这两个地方。过了策大雅绿洲的西边后，我们先走过美丽的开阔的牧场，然后穿过胡杨树林。这样走了10英里后，就在喀拉查查阿塔麻扎来到了阳霞垦殖区的最东边。然后我们又走了3英里，穿过覆盖着灌木的地面和一条深陷的河床，这才来到了连续的农田。田野看起来特别富饶美丽，在大路两旁和伯克（也叫商爷）的果园里，有很多枝繁叶茂的老树。我们就扎营在伯克的果园里。

阳霞是一片古老的绿洲，在这里开垦新土地的工作正在缓慢而持续地进行。根据我获得的信息，这片绿洲的人口如果包括东北偏远的村庄马居鲁克和南边的喀拉库木，约有800户。我们在各个方向对这里永久性农田的测量结果，和这个人口数字是相符的。除了正常耕种的地方，如果春天或夏初雨水特别多，南边的几片丛林带偶尔也会被清理出来并播上种子。在这里也有可靠的证据表明，自从中央政府的治理重新确立后，人口在激增，而在那之前，官方统计出来的人口数字只有200户。

有一条路从阳霞出发，穿过北边的高山，到达了焉耆谷地头部的尤勒都斯高原。这条路使阳霞的地位更加重要了。据说这是库车以东的第一条能到尤勒都斯高原的路，蒙古人常利用这条道把物资从阳霞绿洲运到他们的牧场去。人们说路穿过分水岭的那个口子全年都有积雪。但他们告诉我，强悍的蒙古族"主顾"们即便在冬天的几个月里也敢于从那里走。由于我在阳霞作好了安排，我离开之后，拉尔·辛格勘察了那条路，一直到了一个叫喀拉达坂的次要口子。那里的海拔11 800英尺，厚厚的积雪使他再无法前进。他在谷地头部看到了很多针叶林，说明这一段天山的气候是比较湿润的。这也能够说明，为什么这段天山的谷地能给阳霞绿洲和轮台绿洲带来充足的水源。

阳霞当地人告诉我，只有两个地方有古代遗址，一个是在绿洲北边的阿克塔木，另一个是在东南的阿格拉克，也叫皮汗。为了节省时间并尽可能地带着平面图走更多的路，我让阿弗拉兹·古尔到阿格拉克去，然后沿着大路去轮台。我自己则打算去阿克塔木，然后经过塔拉克和轮台大绿洲的北部到轮台去。阿弗拉兹·古尔在阿格拉克发现，那里有一个用土墙围成的小院落，土墙在水汽的作用下朽坏得很严重，有点像我在轮台南边的拉帕尔看到的围墙。围墙附近有一块古墓地，其中无疑是伊斯兰墓葬。这说明，那个地方一直沿用到了中世纪甚至更晚的时候。在他穿过的某些地面上有废弃的农田的迹象，很多农田看起来只是不久前才废弃的。我们在策大雅和阳霞都听人们说，这个古老的塔里木周围的田地在过去20多年里偶尔也有人来耕种。阿弗拉兹·古尔的考察证实了这种说法。那个遗址的价值似乎只是在于说明，古代的时候，从库尔勒到轮台的大路比现在的大路更靠南，也更直。如果是这样，我们就大概可以推测出后来那条古道上越来越不容易找到水，所以就无法通行了。

我从阳霞的巴扎出发朝西北走到阿克塔木去。我先是穿过田地，然后沿一条水渠走在砾石萨依上。这样的水渠有好几条，它们把水从阳霞河引到绿洲的西部。走了4英里后，我们来到了阳霞河的西岸。这里的河床约有0.5英里宽。岸比河的实际水面足足高出80英尺，共分成6层，说明河床中的水量已经逐渐减少了。在上游不到1英里远的地方，我们经过了阳霞那些水渠的起点。

过了那里之后又走了500码，发现在河西岸比较高的地方有两组坍毁很严重的小遗址。

从砾石冲积扇顶部算起的第二层岸上，残留着一堵长方形建筑的墙体。墙体用土坯筑成，残墙仍有2英尺高。在东南约45码远的地方，我发现了一座形状不规则的矮丘，那里曾是一座完全坍毁的建筑。矮丘约有18英尺见方，大概是个佛塔的底座。再朝同一个方向走11码，在这一层岸边附近，我发现了一个较大的建筑的地基，墙是用夯土筑成的。由于岸边陷落，东墙被冲走了一部分，但仍可以分辨出两个大屋子。外面的一点垃圾中有芦苇秸秆，说明这里曾是人居住的地方。在南边约20码远的下一层较低的岸上，矗立着一个长方形建筑的遗存。建筑的墙体用土坯筑成。南边有4座小土丘排成一行，每座土丘都有12英尺宽，显系小佛塔的底座，小佛塔已经被完全毁掉了，这说明这个长方形建筑可能是一座庙宇。从遗址和水渠源头的相对位置来看，我认为它们是一座佛教寺院遗址，以便人们到阳霞的这个"苏巴什"来朝拜。从和田到吐鲁番绿洲的主要灌溉水渠的源头都有这样的朝拜地。这些小遗址没有沙子或厚厚的碎石保护，而且离垦殖区很近，很久以前"寻宝人"就已经在这里反复挖过了。对于我们这些挖掘者来说，这里已经空无一物，我们查看了周围的地方后也没有发现能提供年代线索的文物。

在离开之前，我朝下又走了三层岸，下到了河边。河水冲刷着壁立的悬崖脚下，悬崖是由土层和卵石层构成的。据说五六天

之前才从山中流来了水，但此时的水流量就已经有41立方英尺／
秒了，而且还会迅速增加。人们估计，春末和夏季的时候，河水
的阿克苏流量一般是10~15塔什，这已经足够灌溉现在的垦殖区
了。在河水流来之前，人们依靠的是喀拉苏，喀拉苏来自阳霞艾
肯中的泉水，以及河床两侧的小水道与河床相连的地方的泉水，
绿洲里面的大路南边也有泉水。现在这个时候，高山上的积雪才
刚刚开始融化，阳霞河的水量就已经这么大了。由此判断，阳霞
河流域应该比拉尔·辛格的平面图所示的朝山中延伸得更远。

　　从阿克塔木出发，我们折向西—南西方向，在马路村绕过了
阳霞垦殖区的最西北端，然后沿着沙漠的石缓坡脚下走。我们骑
马走了18英里，来到了轮台绿洲的东北角。一路上我们不时穿过
灌木丛和树林，有时朝南能望到灌木和树林。这说明在阳霞河与
轮台河之间，有一些小水道把水分也带到了这里。我们在轮台方
面到达的第一个村子是塔拉克。从那里，我们折向南边，又走了
15英里后才到了小县城轮台。在这15英里中，我们几乎是穿过平
整的田畴。这片肥沃的大绿洲之所以存在，完全是因为克孜勒河
的缘故。我们在塔拉克下游越过了克孜勒河，在这个时候克孜勒
河中只有泉水，山中的积雪融水都被上游的水渠引走了。深陷而
泥泞的河床有300多码宽。据说，当积雪的阿克苏到来时，河床
大部分都被水淹没了。在轮台城下游约15英里远的地方，克孜勒
河注入了科克乔勒大沼泽。1908年1月，我从英其开河方向第一
次来到轮台城时，曾路过那片沼泽。从沼泽的面积看，轮台的克

孜勒河水量是很大的。

我们在轮台城停留了一天，收集到的信息使我们对这片绿洲的范围和重要性有了更进一步的了解。中国行政管理机构用古名把这个县称为轮台县，县城设在轮台巴扎。这个县包括从库尔楚到轮台的大路沿线的上游居民点，拉依苏以西的乔克塔木是同库车的分界线。据说该县的人口是4 000户。前面说过的东边小绿洲人口加起来只有1 000户，而别的地方又没有农业。可见，轮台绿洲的人口大概占全县人口的三分之二强。这正与我们对这里的农田的勘测以及先前在东边的小绿洲获得的信息相符。那些小绿洲近些年来在开垦新土地方面有长足进展，但轮台绿洲似乎已经接近灌溉水源所允许的极限了。实际上，在南边的几个地方，我们看到了近年废弃的田地。田地之所以被废弃，是因为排水不足，土壤的盐度升高。那里的土地一眼望去完全是平坦的，所以造成了排水的困难。

我在轮台城听说，克孜勒河仍能流到的仅有的两个都在南边的遗址。考察了它们之后我们发现，它们都不包含伊斯兰时期之前的遗存。我探访了拉帕尔古城，它位于现在的垦殖区南边以南约4英里的地方，那个方向的垦殖区一直延伸到了离轮台巴扎几乎有3英里远的地方。在长着稀疏灌木的极为平坦的地面上，很容易分辨出废弃的农田。农田上已经长出了小红柳丛，但还没有来得及形成常见的红柳沙堆。我们是沿着一条干水渠走的，越往前，水渠边地面上的肖尔就越多。这里的"古城"包括一圈大致

300码见方的围墙，土墙形成的直线并不规则，大多数地方的土墙都坍毁得很厉害，只保留下来10~12英尺高。西墙受损最轻，墙头仍有18英尺高。在那里我们看出墙上用了大土块，每隔3英尺厚就夹一层不厚的灌木。那里的墙头有22英尺宽，墙顶上有护墙的残迹。护墙约3英尺厚，建筑方式和主墙一样粗糙。不规则的设计和粗陋的建筑方法说明，这是一条伊斯兰时期的围墙。围墙里面没有发现建筑遗存，只有很大的垃圾堆，说明这里长期有人住。就我手下人清理的垃圾看，垃圾中只有腐烂得比较严重的牲畜粪便、兽骨等物。许多地方的墙和垃圾堆中都有"寻宝人"乱挖一气的迹象，说明这个古城的年代不会太晚。

　　我派阿弗拉兹·古尔沿一条沙漠道到库车去，沙漠道穿过了英其开河的一条已经干涸的支流。他在离轮台巴扎约11英里远的地方，发现了一圈围墙遗址，和我发现的围墙完全属于同一类型。那个遗址叫阔玉克协尔，它的围墙也已经严重朽坏了。从外面测量，围墙长260码，宽240码。在围墙里面的一块天然台地上，他发现了大量人骨，看来这是一处伊斯兰墓葬。再往南走3英里，他在一个叫喀拉喀钦的地方看到了废弃的农田。那里离一条水渠不远，水渠可以把水从轮台城下游的泉水引过来。再往南有个叫玉奇托格拉克的小居民点，是从轮台城来的农民耕种的，也是靠这条水渠进行灌溉。可见水渠的修建时间不会太久远。上述情况以及我在轮台城得到的信息告诉我们，即便是现在，如果轮台巴扎下游的泉水的过度灌溉能被制止，水能有效地排出去，农田就可以朝南大幅拓展。同时，由于水渠和科克乔勒沼泽的偶尔泛滥，这片土地土壤的水分很多。这就可以解释，如果古代的居民点延伸到了这里，为什么没有在地面上留下遗迹。这里以及库车下游的自然条件，和塔克拉玛干南边是截然不同的。

（按，以下斯坦因关于史地的论述多误，请读者参阅汉文文献，并参考现代研究成果——译者）在此我应该比较详细地描述一下，我在匆匆经过策大雅、阳霞和轮台这三片绿洲时，关于它们现在的条件和自然资源都收集到了什么资料。把这些资料对比一下，大概有助于对一个历史地形学问题得出比较合理的结论。这个问题就是确定《汉书》中说的轮台和"乌垒"两个古代地点究竟在什么位置。现代的中国学者认为轮台就在今布古尔。《汉书·西域传》说的是塔里木盆地和附近的各个小国，那里没有专门述及轮台。但在描述古代中国最早向西域扩张时，曾几次提及轮台。我在一段曾反复引用的记载中说，公元前101年李广利成功远征大宛后，"自敦煌西至盐泽往往起亭，而轮台、渠犁皆有田卒数百人，置使者校尉领护，以给使外国者"。《汉书·西域传》对"渠犁"有单独的记述。从那些文字中我断定，"渠犁"就是从沙雅下游一直到孔雀河的英其开河和叶尔羌河之间的河边地带。

《汉书》中关于"渠犁"的记载中又一次提到了轮台。那段文字中抄录了一份呈给汉武帝的奏折："故轮台东捷枝、渠犁皆故国，地广，饶水草，有溉田五千顷以上，处温和，田美，可益通沟渠。"然后奏折又说用什么方式能使食物供应满足帝国的需要。之后，奏折建议道："可遣屯田卒诣故轮台以东，置校尉三人分护。"在列举这一措施的好处时，奏折说，当地人中那些过着半游牧生活的人会"诣田所，就畜积为本业，益垦溉田"。汉武帝对这道奏折的批复也长篇累牍地载于那里。汉武帝不同意这种"遣卒田轮台"的建议。显然，他为以前的"扩张政策"付出了沉重代价，他想对那个政策进行一些修正。后来我们得知，汉昭帝（公元前86—前74年在位）最终采纳了那个建议，"以杅弥太子赖丹为校尉，将军田轮台，轮台与渠犁地皆相连也"。但汉朝在轮台设置军屯点的计划又一次落空了，因为被新任命为校尉的赖丹原来臣属于库车，库车王害怕汉朝的新军屯点会损害他的利益，就杀死了赖丹。

　　汉武帝的批复还说，轮台在车师（吐鲁番）以西一千多里。以上就是我在怀利先生翻译的《汉书·西域传》中能找到的所有提到轮台的地方。将这些文字联系起来看，就可以看出中国人认为轮台在今布古尔是很有道理的。轮台与渠犁接壤，这本身就把我们带到了今布古尔。我们已经说过，渠犁就在轮台南边和东南边的英其开河和叶尔羌河上。而在《西域传》关于渠犁的记载中，单单没有指明渠犁北面接壤的是什么地方。说轮台在车师以西一千多里，而库车王不同意在他的边界上设立军屯点，这也都与今布古尔的位置相符。《汉书·西域传》提到轮台多水草，居民以放牧为生，如今轮台的情况依然如此。今布古尔南边朝英其开河的方向和北边的天山谷地中都有大量的牧场，据说巴依们的牛羊数量庞大。

让我们现在来看与此密切相关的乌垒的位置问题。《汉书》中常提到乌垒，说那里是西域都护的治所。在《汉书·西域传》中，有单独一段关于乌垒的记载：乌垒城，西域都护治所，在龟兹以东350里，渠犁以北330里。《汉书》中还标明了许多其他地区相对于乌垒的方向和距离，但那些方向和距离在很多情况下是自相矛盾的。而且，一个地方离乌垒越远，由于"错误的累积"，它的方向和距离就越有可能不正确。所以，最安全的办法是只考虑和乌垒相邻的两个已知位置的地点，即"危须"和"尉犁"。危须就是库尔勒，西域都护的治所在危须以西500里。西域都护的治所也在尉犁（在孔雀河上）的西边，距离是300里。这些记载把我们带到了轮台、阳霞和策大雅绿洲。但如果没有进一步的资料，却难以断定西域都护的治所究竟是这些绿洲中的哪一个。因为这些绿洲都在库车的东边、库尔勒的西边、渠犁（即英其开河的河边地带）的北边。

现在，我们得求助于《汉书》中的另一些文字。它们记载了一连串的事件，这些事件促使西域都护的设立（西域都护的治所在乌垒）。沙畹先生在一个具有启发性的注中，第一次陈述了基本事实。后来，查阅德·格鲁特先生把《汉书》中这些事件的主角郑吉的传记翻译了过来，现在我们可以查阅他的译文。公元前68年，汉朝统帅郑吉把军队扎在渠犁，在那里囤积了谷物，并获得了周围小国的支持。他把渠犁当作一个大本营，以便能攻打车师。公元前67年，车师国臣服，汉朝的势力后来一直扩展到了车师东北的匈奴部落。郑吉在公元前60年在东北大获成功，被任命为第一个在政治上对西域进行控制的西域都护。

这段有趣的记载告诉我们，西汉在塔里木盆地的势力达到最大时，乌垒扮演了重要角色。郑吉把渠犁的军屯点当作最初的大本营，这只不过是发展了公元前101年提出的一个计划。无疑，当郑吉完全获得了政治上的控制地位后，他之所以把乌垒选作西域都护的治所，一个决定性因素就是乌垒离他原来的大本营很近。我们看到，以前当中央帝国试图向塔里木盆地扩张时，一个重要举措就是在轮台和乌垒建立基地，以便进行控制。自从郑吉从渠犁大本营成功地采取了行动后，《汉书·西域传》中就再没有出现过轮台。古代中国政治活动中的一个极典型的特征就是其连续性。考虑到这一点，轮台的"消失"是很奇怪的。这样看来，乌垒地区大概只在名称上与从前的轮台有差别，而之所以叫乌垒，也是西域都护把这里当作自己的治所的缘故。

我自己无法查阅有关这个问题的历史文献原稿，所以对上面提出的这个问题，我还不能作出明确的回答。[1]但在此我要记下地形学上的两点事实，它们都说明西域都护的治所很可能在轮台。其一，同阳霞或策大雅绿洲相比，轮台绿洲要大得多，因此也重

---

1 《后汉书》和《魏略》中都没有专门提到轮台和尉犁。《后汉书》中的确说到轮台是龟兹国的一部分。莎车的首领"贤"在征服龟兹后，把轮台分离了出来，置于一个单独的首领管辖之下。但那段文字无助于我们确定轮台的位置。

要得多。轮台现在的人口至少是阳霞人口的三倍甚至四倍，而策大雅的人口是根本无法同轮台相比的（当代中国的学者认为乌垒就在策大雅）。自古以来，这些绿洲的人口数和农田的面积，都是由灌溉水源决定的。考虑到它们彼此相隔不远，自然条件类似，水源都来自同一条山脉，所以从古代起，它们之间的人口比例和农田面积的比例不会发生太大的变化。一个大行政管理中心会有很多职员、军队和流动人口（如现在的乌鲁木齐就有很多流动人口）。要满足这些人的需要，轮台自古以来的条件就比东边那些小绿洲优越得多。

此外，我们可以比较一下《汉书》中记载的乌垒—危须（库尔勒）之间的距离，和乌垒—库车（龟兹——译者）之间的距离。前一个距离是500里，后一个距离是350里。我们沿大路从库尔勒走到轮台巴扎，再从轮台巴扎走到库车，实际走的距离分别是107英里和67英里。这两个里程的比例，与《汉书》中的距离比例是很接近的。而且，如果在古代从梯木往西走更直的道，实际距离的比例会更接近《汉书》中的数字。但如果乌垒是在阳霞，实际路程的比例就无法与《汉书》中的距离比吻合起来。如果乌垒在策大雅，就相差得更远了。[1]

西域都护是中央帝国对塔里木盆地进行治理的"总代表"。从

1　在此我要说一个比较数字：根据现在中国官方公布的路程（新疆的路程都是很粗略地测量出来的），库尔勒到轮台有520里，轮台到库车城有300里。

战略的角度来讲，他的治所选在轮台也是极为合适的。从那里他可以严密地监视天山脚下的大北道，那条道过去和现在都是整个地区的商贸和交通大动脉。对中国同西方的丝绸贸易来说，大道的安全是至关重要的。都护治所离楼兰不远，可以从甘肃的基地获得支持。都护也能戍守住匈奴最可能进犯的几个点。把行政管理中心不放在库车和焉耆等大国中，也有政治上的考虑。那些大国在发生麻烦的时候，会反抗中央帝国。而所选的西域都护治所又离这两国都很近。最后，把治所设在这里还可以安全地到达南边的渠犁（渠犁很早以前就是中央帝国的军事基地），并从渠犁到鄯善（即罗布）去。鄯善是南道的枢纽，郑吉在成为西域都护之前就是负责戍卫南道的。当唐朝的势力再一次完全扩张到西域时，很多方面的条件都发生了重大变化。但即便在那时我们也发现，公元658年设的管辖安西四郡的安西都护也设在库车，从轮台朝西走三天就能到达那里。

第三节　从轮台到库车

4月12日，我从轮台动身沿大道到库车去。阿弗拉兹·古尔则带着一个向导朝南走，以便考察一下英其开河一条干涸支流沿岸的地面（据说在那里，在库车垦殖区的东南方有一些遗址）。我之所以想走大路，是希望能更仔细地看一下先前在1908年1月注意到的一些遗址。现在，考虑到我从营盘一直过了库尔勒后观察到的现象，这些遗址似乎具有了更大的意义。离开轮台巴扎后，有10英里的路都是穿过连续的农田。但其间还穿过了一条长着灌木并覆盖着肖尔的地面，然后越过了一条古河床。根据上游一个村子的名称，这条河床被称作迪纳尔。从河床上引出来的水渠灌溉着群巴克平整的农田（群巴克拥有自己的巴扎）。然后，我们又在光秃秃的石萨依上走了4英里，在一条覆盖着灌木的小河床边离开了车道。从小溪拉依苏中偶尔会有水泛滥到那条小河床里，那个地方也就被叫作拉依苏。我们折向西南方，去探访叫拉依苏吐拉的那个遗址。

这个遗址坐落在路南约0.5英里远的地方，地面上有一些浅浅的小水道。这个遗址包括一座坚固的烽燧（K.III），烽燧旁边还残留着一段围墙。烽燧和围墙看起来都很古老。烽燧特别结实，是用土坯筑成的。从建筑细节上看，它和营盘—库尔勒道上的那些烽燧属于同一时期。这座烽燧的一个独特之处是，在南面和西面有一些三角形小孔，小孔之间的距离并不规则。它们既不可能是观察孔，也不是插木横梁的孔。它们究竟是做什么用的，仍是一个令我不解的问题。

在这座烽燧北边约110码远的地方，是一圈朽坏得很严重的长方形围墙的东南角。东侧的围墙似乎有192码长，北墙只能追踪到38英尺长，南墙能追踪到118英尺。西南角似乎有座烽燧，如今它已经变成孤立的了。从它的位置看，原来的围墙可能是正方形的。西围墙已经完全消失，显然是那一侧经过的一条水道侵蚀的结果。围墙厚约 10 英尺，用土坯筑成。如今围墙比附近光秃秃的地面高不到 5 英尺。围墙里的地面上分布着只有 1~2 英尺高的小雅丹，说明风蚀作用也加速了这里的毁坏过程。前面说过，大概在围墙里面的东南角有座烽燧。烽燧用夯土筑成，顶上还有一座小瞭望塔。在这座烽燧的北脚下有土坯墙的痕迹，墙附近还有一个灶。这说明烽燧原来是连着营房的。烽燧脚下堆着牲畜粪便和残余的燃料。在这里，我们捡到了几颗小珠子和一些青铜小残片。

从遗址的位置和仍能分辨出来的建筑细节来看，它们很可能属于一座堡垒，堡垒所在的位置在汉朝时是到库车去的一站。现在，从轮台到亚喀阿里克（库车垦殖区的东部边界）的路，几乎是成直线沿着天山最外围山脉的缓坡脚下延伸的。古代时在轮台和库车这两点之间的道路是不会比这更直的。这样看来，拉依苏遗址的年代是很早的。后来我们在沿途看到的其他遗址也完全证实了这个结论。我在离 K.III. 不到 0.5 英里远的地方发现了废弃的农田的迹象。而且，再往前的车道附近（这里的车道比较靠北，以便避开一条深陷的雅尔）还有些田地，据说在过去几年里，有人实际耕种过那些田地。以上事实都表明，在拉依苏烽燧仍是可以找到水的。

我们回到大路上，继续往前走了 2 英里，穿过光秃秃的风蚀地面，来到了一个叫乔克塔木的地方。那里的一座小清真寺是轮台县和库车县的分界点。清真寺北边 400 码远的地方有一圈残墙，似乎是个年代比较晚的堡垒。墙用粗糙的土块筑成。似乎本来只有南边那座比较古老的烽燧，后来才添筑了围墙。西边不到200码的距离内有一块伊斯兰小墓地，还带有一道拱形大门。这说明这座烽燧的年代是较晚的。有一条小河大概曾流到这里，小河是从缓坡高处的皮占布拉克流下来的。我们在西边约1.5英里远的一个叫苏祖克的地方，穿过了这条小河的小尾水。

当天晚上，我们在小绿洲英阿巴德扎了营，那里有18户人家。北边5英里远的萨依高处的一块凹陷地方有泉水，农田就是靠那处泉水灌溉的。4月13日我们早早就动身了，以便能走到大绿洲库车的东部边缘去，这需要走很长的路。穿过一片光秃秃的地面后，我们遇到的第一个遗址是一座叫阔玉克吐拉的古代烽燧（图24）。它现在底部有32英尺见方，加上顶部的墙高达29英尺。顶部的墙约4英尺高，围成一座13英尺见方的瞭望塔。烽燧看起来似乎是用夯土筑成。但仔细查看一下就会发现，夯土只是一层外壳，里面是座更古老的烽燧。里面那座烽燧很结实，用土坯筑成。烽燧里也可以辨认出结实的柱子和横梁等木结构。在东侧，只要稍微清理一下就会露出原来粉刷成白色的烽燧表面。原来的烽燧有18英尺见方。当它仍是完好的时候，在外面加了一层夯土外壳，目的大概是在顶上建一座瞭望塔。除了路前方5英里远处的却勒阿巴德，此处附近没有水源。但在古代，从北边山上下来的那些小谷地肯定能把水带到南边来。

"却勒阿巴德"的意思是"沙漠中的住房"，现在那里是人们

图24　考玉克吐
拉的烽燧遗址

常歇脚的地方。那里只有几个为过路人准备的兰干，水源来自北边4英里远的一处谷口的泉水，水流量不足1立方英尺/秒。但即便这样少的水也足以在周围荒凉的环境中创造出一小片宜人的绿色了。那里有几座果园，给过路人提供了清爽的阴凉。碧绿的田地里种的是苜蓿，可以喂路人的牲畜。

过了却勒阿巴德后3英里，一个遗址引起了我的注意。它位于路西北约6弗隆（英制长度单位，1弗隆=201.168米）远的地方，我先前没有去过那里。这就是围墙K.VI。它坐落在一座烽燧土台地的南边。台地约300码宽，东西长约700码。离它不到0.5英里远的地方就有一条干河床，说明以前一度曾有水到达这里，水源就是现在灌溉着却勒阿巴德的那些泉水。在这里我发现了一圈长方形内围墙。内围墙修在一圈外围墙的东南角，两圈墙长边都是南北走向，短边都是东西走向。围墙用土坯筑成。大多数地方的墙体都已坍毁，只有4~5英尺高，但东南角仍高达10英尺。那里又用墙围出了一块32英尺见方的地方（i），里面塞满了沙土和土坯碎片。从烧焦的木头来看，这个地方曾被火烧过。它北边有低矮的土丘和土坯碎片，说明以前是某些营房的位置。内围墙南面有一道大门，大门的位置相当于南墙的中心。这表明，大门原来是围墙的入口，其中包括外围墙。两圈围墙建筑方法一样，但外围墙的北面和西面却坍毁得更厉害，说明外围墙大概更古老些。东北角有一个大垃圾堆，和现在外围墙的高度一样高（4英尺）。清理了垃圾堆之后，我们除了发现纺织品残件，还发现了四件不完整的汉文文书，其中有两件很大。从字体和纸张来看，我认为这些文书属于唐代。但只有经汉学家研究后才能知道它们的年代，而目前专家们研究的结果还没有到我手里。从遗址的位置和状况看，它似乎是一个受到保护的休息地，就像现在的却勒阿巴德一样。

回到路上后，我又察看了路边的另一个遗址。它离前一个遗址约2.5英里远，有一小圈围墙，围成的地方从里面量是22英尺见方。整个遗址底下是一个用夯土筑成的16英尺高的底座或平台。围墙厚4英尺，土坯的尺寸比前面说过的路沿线遗址的土坯稍大一些。南面已经完全坍毁了，但其他方向的墙仍有10英尺高。北墙中央有一个灶的残迹，可见这圈围墙原来是有屋顶的，是人们居住的营房。显然，从前在南墙已经倒塌之后，人们又用粗糙的土块筑了另一堵墙，以便建筑残余的部分仍能住人。我们没有发现明确的年代线索，但这个遗址显然十分古老。

在 K.VII 西边800码的地方，另一圈更大的围墙就矗立在路北。这就是 K.VIII，人们称之为托盖塔木，这显然是一个可以进行防御的路边萨拉依（旅舍、馆舍——译者）。围墙用粗糙的土块筑成，厚5英尺，围成的地方有94英尺见方，西北角和东南角的围墙仍有13英尺高。东南和西南角伸出来12英尺见方的棱堡，棱堡的夯土中还用土坯对棱堡进行加固。大门开在南墙上，门外还有一圈墙保护，但这圈墙坍毁得很严重。从布局和粗糙的建筑方法看，这座小堡垒似乎不是汉人修的。以上这两个遗址附近没有发现井或水道。但在北边8英里的地方，有一条小河灌溉过小村庄西斯塔拉的农田后，又在一条谷地里朝下流了一段距离，谷地的开口正在托盖塔木上方。那条小河大概曾把水带到了这里。过了这一点后，路沿着一座光秃秃的砾石高原朝上去。在那里，当夜幕已经降临的时候，我又一次望到了亚喀阿里克的碧绿农田。这是库车大绿洲最东边的田地。

在那扎营后，我过得很愉快，因为我收到了撒西伯·阿里汗事先发来一封的信。他是库车的小印度居民点的阿克萨喀勒，是我在1907年认识的老朋友。信中带来了我急切等待的从马继业先生那里得来的消息，即我的文物已经安全地运抵喀什噶什了。还有一个消息是来自印度政府外交部的，也同样令我高兴。我以前曾申请获准穿过俄国所属的帕米尔地区，到撒马尔罕和布哈拉去，再朝波斯东北走。这一申请已经获得了彼得格勒的批准。

4月14日，我们轻松地走了17英里后，来到了库车城。大部分时候路北面是光秃秃的砾石萨依（系库车河冲积扇的上半部分），南面便是一组分散的农田的北端。灌溉着这些农田的水渠，其水源一部分来自泉水，一部分直接来自库车河。有趣的是，这些水渠的水量，同灌溉着绿洲主体部分的木扎特河那些水渠相比是很少的。在玉奇喀拉的水渠附近，在那等我的撒西伯·阿里汗和他手下的帕坦商人（帕坦人，分布在阿富汗东南部和巴基斯坦西北部的民族——译者）热烈欢迎我。在他们的簇拥下，我们穿过人声嘈杂的村中小道，来到了令人赏心悦目的城郊花园。花园在河东岸附近，离库车城不远。他们从库车的"恰兹"那里把这个花园争取了下来，作为我宿营的地方和在县城的临时大本营。

简单描述了一下我们在从库尔勒到库车途中经过的地面状况之后，现在让我说一下唐代这两地之间的路线是怎样的。沙畹先生摘译了《唐书》卷四三的一部分，那段文字是这样的："离开焉耆朝西走50里后，就来到了铁门关。再20里是于术军事要塞（以下"要塞"在《新唐书·地理志》中均为"守捉"——译者），再200里是榆林要塞，再50里是龙泉要塞，再60里是东夷僻要塞，再70里是西夷僻要塞，再60里是赤岸要塞，再120里是安西都护府所在地（库车）。"

我们将看到，上面这条路线的终点就在现在的库车城附近。此外，起点和开头的两站也是可以确定的。我在《西域考古图记》中曾指出，铁门关就是库尔勒上游的那条峡谷，孔雀河从博斯腾湖穿过那里流到了塔里木的平原上。《晋书》中也曾提到铁门关。而从焉耆古都所在的博格达特协尔，到去库尔勒的路进入峡谷的东端的那一点，距离正好有50里。从地形来看，"于术"城就在库尔勒绿洲的最东端附近。大路出了铁门关后，经过约7英里的距离就到了那里。

过了这一点后，除了《唐书》中记载的距离，我们便没有别的办法确定其余各站的位置了。首先应该指出的是，它们的总里程是560里。这表明，古道的路线比现在库尔勒和库车之间的车道要短。在车道上，我们的路码表测得库尔勒和库车城之间的距离是175英里。查一下地图我们就会看出，现在从轮台到库车的道路几乎是天山最外围山脉脚下的一条直线。对交通来说，这是最方便的路线。从拉依苏往前的沿线的烽燧和堡垒说明，古道走的也是那条路线。

但东边较长的那一段道路（即库尔勒和轮台之间）就不同了。从地图上可以看出，在这两点之间，现在的道路朝北绕了一个不小的弯。为了接近水源和物资供应地，道路不得不沿着那串小绿洲走，而这些绿洲都靠近灌溉它们的河流出山的地方。古代的时候，这些河流大概把水带到了南边更远的地方，那些地方如今是长着灌木的沙漠。我们在阳霞和轮台东南看到的古代和现代废弃的耕地，以及人们所说的库尔楚南边的塔提，都支持我们的这一假设。[1] 如果这一假设成立，在库尔勒垦殖区西段的梯木大丘和轮台之间，古代交通可以走一条更直、更短的路线。[2]《唐书》中的"于术"和"榆林"要塞之间有200里的距离，说明唐代的古道过了库尔勒绿洲，一直到艾西买或策大雅南边的一站，其间没有经过什么重要地点。从假设的直道路线经过的地面状况来看，这是很容易解释的。

　　在缺乏直接的考古学证据的时候，我们想猜测下两站（龙泉和东夷僻）的确切位置，是徒劳无益的。似乎可以肯定的是，它们都应该在现在的轮台垦殖区的东边。至于到库车之前的最后两

　　1　我在1908年时听说，库尔楚南面有些带陶器碎片的风蚀遗址，村民在找燃料的时候到过那里。在艾西买我也听说，在现在的小绿洲南边很远的地方，有个古老的铁热勒伽。上一次当地发生叛乱后，清朝收复了新疆。那之后，由于强有力的移民措施，现在的小绿洲已经重新活跃了起来。
　　2　在地图上的轮台北边约4英里的地方，标着阔纳二塘村（即古驿站）。那里大致应该是从库尔勒来的直道进入轮台垦殖区的地点。在县城设在轮台巴扎之前，它也是交通常走过的一站，从它的名称上就能看出这一点。

站（赤岸和西夷僻），我们倒是可以一方面凭借着距离的比例，另一方面凭借着自然条件来作一点猜测（这些条件决定了轮台以西的道路上的休息地的位置，这一段的古道和现在的路线是一样的）。却勒阿巴德现在的路边小站，或它东边的阔玉克吐拉遗址，有可能是赤岸的位置。《唐书》中称赤岸离安西都护府所在地库车有120里，是赤岸和东边最近的一站西夷僻的距离（60里）的两倍。从地图上我们可以看出，却勒阿巴德到库车的距离，正是英阿巴德到却勒阿巴德距离的两倍。而阔玉克吐拉到库车的距离，也是从拉依苏到阔玉克吐拉距离的两倍。

第三章

库车古遗址

第一节　绿洲的地貌及境内古都的位置

在记述历时将近三个星期的库车大绿洲一带的调查工作之前，我想先概括地谈谈这个地区在历代政治和文化上的重要意义。这个重要意义有大量的证据：一方面，从汉代至唐代的历史和其他汉文文献对库车多有关注；另一方面，这个地区能够发现的佛教胜迹数量颇多，分布广泛。库车地区在塔里木盆地历史上的重大作用，在中国对中亚的政策和交往中历来受到重视，其有关记载，这里毋庸赘述。中国历史文献和佛教著作中关于库车的所有资料，西尔文·列维已予辑录并作了评论；这些材料在他同样出色的一篇论文中也可看到。这篇论文断定，整个佛教时期库车人的语言，正是从当地发现的手稿中最先得知，并由其他学者定名为"吐火罗乃语"的那种特殊的印欧语。

那些反映库车佛教寺院当年盛况，如今虽已成为废墟却依然令人神往的大量遗迹，以及寺院赖以为继的居民们所拥有的充裕资源，这里也都无法一一陈述。早在1908年我头一次踏勘库车之前，格伦威德尔、勒柯克和伯希和等教授率领的德国、法国探险队就对苏巴什和杜勒都尔马库尔遗址上那引人注目的佛教寺院遗迹，以及克日希上方森木塞木、克孜尔伽哈，还有库木吐拉和克孜尔的明屋等地那连绵不断、有精美壁画的石窟寺做过系统的考察。在俄国科学院的主持下，别列佐夫斯基也在库车地区做过规模较小的考古工作。我在第二、第三次的中亚探险中，也尽量充分利用在库车停留的短暂时间，观察了这些引人关注的遗址。但是有关这些遗址以及那里已经发现的考古、艺术和语言方面遗存的情况，我想还要参阅格伦威德尔和勒柯克教授的重要著作，以及伯希和先生细致发掘工作的全面报告。

由于在我之前许多学者已在库车地区做过大量的考古工作，我自己在这里的短暂停留中所看到的文物调查的潜力已很有限。但我感到特别高兴的是，我因此而有机会考察整个历史时期某些地理因素对库车的经济政治历程的长期影响。这些地理条件同和田绿洲比较起来，还有另一种性质。在记述我在调查过程中尽量做到的仔细考察之前，不妨先谈谈库车在塔里木盆地中的相对位置及其自然条件和地理环境。

库车地区拥有比较广阔的可耕土地及充裕的经济资源，这是由于它地处木扎特河和库车河的出山口上。这两条大河从天山山麓丘陵流入塔里木盆地。木扎特河比库车河要大得多，其主要水源是从天山山系中常年冰封的汗腾格里峰的东坡顺山势而下的那些大冰川。在该河从库车城西面的外围山脉流入克孜尔下方的峡谷之前，它穿过较小的巴依盆地，盆地内绿洲遍布，土地肥沃。大概由于木扎特河及其几条较大支流在这里留下大量沉积，在该河离开拜城盆地的出口处形成的广大扇形地带，这层肥沃的冲积层土壤一直延伸到该河在库木吐拉上方的出口处。

如同和田的两条河流一样，这种良好的丰富的水源极有利于灌溉。在那些介于河口与肥沃地带之间没有大片贫瘠沙坡地的地方，灌溉方面的许多困难，诸如水分的蒸发和渠头的改道之类的问题，都得以避免。可以说，库车的这种水利条件至今还远未被充分利用。但即使这样也还是值得注意，有木扎特河灌溉之利而实际上连续耕种的地区，其最大跨度东西近50英里，南北则连同沙雅河干流共计逾30英里。

库车河的情况略显逊色。这条河也是发源于向尤勒都斯延伸的大山岭上的冰河，但其水量却小得多。5月5日，按测量员阿弗拉兹·古尔的实测，该河在苏巴什出口上的水流量约为320立方英尺／秒。从苏巴什开头的水渠流经大片光秃的沙碛地萨依，使库车城以东的耕地本应得益的供水受到减损。由此产生的水利局限尤以春季特别明显。幸而这个地区同克里和和田以东的较小绿洲一样，可以借助于来自地下的泉水供给的喀拉苏。这样，库车河的水便使库车绿洲增加了长约20英里、宽约6英里的一片处在木扎特河灌溉范围之外的土地。

库车绿洲因其充裕的水利资源而拥有的重要意义，由于它与塔里木盆地两大地理特征相关的优越地位而大大增强了。这两大特征是：北面，天山的层峦叠嶂高耸于库车绿洲之上；南面，无尽的流沙形成浩瀚的沙漠。只要我们比较一下和田的情况，就不难看出库车介于其间的优越位置。在塔里木盆地南部，耸立于和田绿洲之上的昆仑山脉，由于山坡异常贫瘠，峡谷既深又窄，只能提供极其稀少的定居或畜牧资源。喀喇昆仑山以东那些可供翻越山脉的少数几处险要山口，恐怕从来也没有成为常用的通道。山脉外面，伸展着需要多日行程才能越过的西藏西北部贫瘠高原，严峻的气候条件使那里根本无法住人，就连穿行其地也步履维艰。

库车地区以北的天山，自然条件要优越得多。在山麓丘陵之间，可以看到有一定规模的农业聚落；铜矿、铅矿和铁矿是这里的宝贵矿藏；汇纳南部山坡排水的几道山谷的顶端生长着针叶林，表明自北面越过山脊而来的潮湿空气有其明显的影响，故而这里地势较高的山坡上植被比较茂密，宜于放牧。尤其重要的是，在这条分水岭以北，沿这一带的天山主脉，伸展着一系列宽阔的横向河谷，如尤勒都斯河、特克斯河和孔尔斯河的谷地，那里不仅牧场丰饶，而且在地势较低的部分，往往有大片土地宜于耕种。我们知道，汉时这些丘陵沃野就是强大的乌孙国的部分领土；其后，相继占据现今准噶尔的几支不时迁徙的大部族也频频往来其间。

　　在这些令人向往的河谷与古时属于库车王国版图的绿洲之间，有不少山口可以通行，从而提供了有利可图的贸易渠道。地处汗腾格里峰之侧翼的木扎特河出山口，海拔约 11 400 英尺，在这些山口中位置最为偏西，也最为著名。其余的山口从库车河和轮台河的源头通往大尤勒都斯的高原状顶端。这些关隘，尽管隆冬和早春时节全被冰雪封闭，但在其他季节，则可借助畜力驮载而通行无阻。这些道路，为天山南北丰富产品的外销提供了必要的商道。而且由于它们地势较高，往南又经过狭窄的河谷，因而便于抵御游牧民族的侵犯和控制，远胜于自北而东通往焉耆、吐鲁番和哈密地区的商道。

　　库车相对于南方塔克拉玛干沙漠的位置同样非常有利。自西向东流的塔里木河的沿岸广阔地带，形成一道阻挡流沙的天然屏障，不像和田的外围农耕地区，由于靠近塔克拉玛干沙漠的大片沙丘覆盖地带而受到流沙造成的威胁，那里的灌溉还常常由于自然和人为的原因而遭受损失。而这片沿河地带，由于塔里木河以及木扎特河末段的河床分岔而变得更加宽阔。这种地形使库车的畜群能在这里找到丰饶的冬季牧场。在此顺便提及一下，塔里木河的洪水以三角形的图式泛滥，使这里的下层土壤普遍潮湿，因而库车地区南部古代居住区的外围遗址很少有遗迹保存下来。由于同样的原因，这些遗址中风力侵蚀的迹象也极为罕见。

　　在库车地理位置的种种有利条件中，必须特别提到这个地区自古就是来自不同方向的重要道路的交会点。库车历来是颇具规模的贸易中心，有中亚大道经过其地，这条道路绕天山而行，将中国同阿姆河地区乃至整个西亚连接起来。库车大绿洲在这方面的重要意义，除了当地的资源，还充分表现在其地正处于西面喀什噶尔与东面吐鲁番之间的中途。从古代中国的中道活跃的时候来说，也就是介于疏勒与楼兰之间的中途。

上述诸种因素所形成的战略意义，使库车在唐朝治理塔里木盆地时成为安西四镇的军事政治中心。同样，汉朝的西域都护府设在乌垒，其地很可能就是轮台，是库车绿洲的一个前哨站。这个时期，天山以北地区尚在中央王朝控制之外，将治所设在库车附近还有一个优点，即这个地点便于把守自北面南下的几条道路，遏制"蛮族"的侵犯对中央帝国的贸易和军事行动可能构成的威胁。最后，不应忘记，塔里木河与和田河的沿岸地带，提供了一条最为便捷的路线，将北面的大道与和田以及塔克拉玛干以南的其他绿洲，及至西南方和东南方的叶尔羌河和罗布泊沿岸绿洲，都沟通起来。

尽管在伊斯兰教传入库车之前一千年的历史中，中国文献对该城记载较多，我们仍无法从中得知这个当地首府位于何处的直接资料。或许玄奘特地记述的两座都叫作昭怙厘的佛寺可以作为一条线索，据他的描述，两座佛寺位于"隔河相望的两座山冈之侧"，一座在东，一座在西。在库车河流向其扇形冲积地的出山口苏巴什，有两座隔河对峙的山嘴，遗留在那里的两座惹人注目的佛寺遗址，我们认为可能就是昭怙厘寺的遗存。如果这个推测无误，则当年香火旺盛时期的库车故城的位置当可在今城一带找到。现今的库车，位于苏巴什庙址南端南偏西南约8英里处。这个位置与玄奘记述的距离和方向大致相符，按他的记载，昭怙厘寺及其著名的佛像在城北40里。

紧靠库车河西岸的现今库车城，大部分围有不甚坚固的夯土城墙，这显然是近代建筑。在这一带的地表上，我敢断定没有古代遗迹。但是在河对面，在热闹的郊区市场沿着通往城里的大道伸展开来，与果园、田地和一簇簇农庄相间杂的地方，我调查到一座规模更大、年代也早得多的城墙遗迹。这些遗迹的位置几乎就在苏巴什寺的正南方，比今城更靠近寺址一些，可见它们很可能就是唐代库车城的城墙遗址。据我所知，这些遗迹迄今未见报道，所以我想将我头一次在此停留时所做的匆匆调查简记于此。

当时我们的营地设在伽孜穆罕默德阿里的花园里，靠近河流东岸，在公路上方约1英里处，公路经过这地方后即通向城里。由此东行0.5英里，我看到老城墙的头一段遗存。事先我那聪明的1908年老上司和向导马合苏提，曾和我说起过这处遗迹。这是一段夯筑坚实的土墙，基底宽约60英尺，残高约18英尺。残墙以此规模延伸约300码，再往前便消失在田地里。但接着又见断断续续的颓垣断壁逶迤东延，总长约1英里。至比加克村的一个地点，墙线向南急折，继而延伸0.5英里，基本上没有中断，一般高约23英尺。这段城墙上布有几座小型方堡，也都是夯土所筑，间距不等。在这道东墙接近来自亚喀阿里克和轮台的公路的地方，城垣略有中断，但它的遗迹在距离喀拉墩买里果园之间的道路约2.5弗隆的地方重又出现。据说由此一直往西，都有残垣断壁断断续续向一座被称为皮朗吐拉的碉楼式建筑延伸；但由于新屋和带围墙的花园的阻隔，所以我未能沿此线往前调查。

　　壮观的皮朗吐拉遗迹距城墙东南角约0.75英里，它的外形像一座高大的望楼，但究竟其原先性质为何，并无明显的迹象。整座建筑立在夯土台基上，通高达37英尺，墙体用砖块砌成，颇为坚固。顶部有两个房间的残墙和一个大台的遗迹。关于这座已毁建筑的用途，我说不出其所以然来，但其年代之古老则毫无疑问。从它在城墙平面上所占位置来看，这座建筑当与城墙北折而形成城廓西墙的城角相距不远。

　　由于这一带郊区商店和房屋鳞次栉比，我无法在可以利用的短暂时间内沿想必是向北延伸的墙线进行调查。这条墙线当与北墙相接，其交会点应该就是我起先看到的那段保存颇好的北面残墙的起始点。根据这个推测，我们认为城周长约为3英里3弗隆。这个长度非常接近玄奘所记的库车大邑的周长，即17~18里。联系到上面提到的城墙遗址相对于苏巴什的位置，这种惊人相符极有利于说明城墙遗址的年代当属唐代，同时也表明了昔日玄奘所见的库车大邑的大致位置和面积。

第二节　木扎特河以西的遗址

4月20日早晨，我起程踏勘当地知情人告知的几处古代遗址。这些人对搜寻古物很有兴趣，他们告诉我这些遗址在现今库车耕种区西南面和西面的远方。我希望能调查到与这个地区古代聚落的废弃相关的自然环境，尤其希望能有时间加以仔细考察。因为以往的考古勘察报告，就我所知，都没有提到这些地点。有关这些遗址的信息，主要是米尔·谢里夫提供的，他是出生在费尔干纳盆地纳曼干的一位有知识的老乡，来到库车绿洲定居已有多年，别列佐夫斯基调查文物时曾雇用过他。米尔·谢里夫陪同我调查了下面几个遗址，附记中所列收购的小件文物，多数也是从他手上获得的。

头一天的目的地是多先拜巴扎，这是一片富庶农业区的大集市，整个农业区在木扎特河的一条流经沙雅的支流的西面。我们择路前行，穿过沙碛地和光秃秃的大草原，出库车城约6英里后，看到一处惹人注目的塔形建筑遗存，人们称之为科什吐拉。它的位置靠近自木扎特河引水的几条新开小渠的东端，由于新渠的灌溉，长期荒芜的田地又得以重新耕种。这种情况使遗址所显示的古代这里有人居住的证据格外值得注意。遗址今存高度约54英尺，平面呈长方形。留在现今地面上的遗迹，北边长95英尺，东边长

82英尺，其余两边已严重破坏。建筑体在地表以上25英尺和38英尺的高处向内收缩，形成两道围绕坚固砖砌体的台阶，宽约10英尺。砖砌体的表面未见装饰痕迹。但从建筑特点来看，该遗址原先极有可能是一座佛寺，其平面与吐鲁番的高昌城、阿斯塔那和斯尔克甫遗址上的那些佛寺相似。墙壁用土坯砌筑，间或用土坯与硬泥板（克赛克）混砌。在此西南约40码的地方，还有一座坚固的建筑遗存，高36英尺。起初这是一座夯土建筑，约32英尺见方，后来它的南部增修了颇大的砖砌体，但这个扩建部分已严重损毁。有可能这也是一座佛寺遗址，但其表面没有留下表明其性质的明确标志。

由此前行3英里，我们来到库木吐拉村南面的大片耕种地带。穿过这些田地往木扎特河右岸走去。我顺便测量了7条渠道的水量。渠头在上游方向约3英里处，靠近规模不大的萨拉依塔木遗址，渠水灌溉着木扎特河东面和北面占库车农田多半部分的耕地。这些水渠的名称分别为拍鲁渠、恰喀渠、法依孜阿巴德渠、英托依巴勒德渠、阔纳托依巴勒德渠、托伽其渠和乌干渠，均系因其主要受益村庄而得名。各渠的水量按大致的测量分别为每秒28、46、103、159、105、45和132立方英尺。因为我们的测量点离渠头较近，所以618立方英尺/秒的总水量当可代表木扎特河当时对其左岸农田供应灌溉用水的总量，不过经过科什吐拉的新水渠据我们测量有30立方英尺/秒的水量未予计入。

这个总量与9天后我在杜勒都尔遗址上方峡谷的木扎特河出

口上测得的水量，以及当此季节山里积雪加速消融而增供河水的潜力所显示的情况正相符。当时木扎特河出口处的流量为 2 025 立方英尺／秒，其中近 800 立方英尺流入右岸的两条大渠即托克苏渠和沙雅英吉河，供灌溉南面从多先拜巴扎上方耕地到沙雅一带的农田之用。右岸的第三条大水渠是供应西面尤勒都斯巴格区的渠道，当时正值一年一度的疏浚时节，因而渠中无水。从水渠的容积和坡度判断，要使渠水达到别人告诉我的那个深度，从而使水渠在这种季节里保持通常的流量，则其所需水量约为 760 立方英尺／秒。

这里记录的测量数字尽管是个大致数值，毕竟有助于推算现今库车区和沙雅区境内依靠现有渠道和方法，从木扎特河引水灌溉而成为可耕地的广阔面积——大概略小于 50 万公顷。没有对各种有关因素作透彻的专门研究，在人口显著增长和渠网相应发展的状况下，现今能够浇灌的土地面积是难以充分估计的。不过必须注意到，顺木扎特河河面下至该河扇形冲积地上白白流掉的洪水必定是个很大的量。据说洪水约在 5 月的最后一周到来（比和田诸河的洪水期早得多），并在 6、7 两个月中在河床全线泛滥。这条河床在我们前往多先拜巴扎时跨越的点上宽约 1 英里；但当时水量很小，河道仅宽约 10 英尺，深 2~3 英寸。据说过了 5 月末便不能涉水而过，非需渡船不可。我有一个印象，即越来越多的人口压力成为一种动力，而且有利于和平发展的行政管理普遍存在，则可以利用的水利资源当能允许至少在木扎特河西南面的耕地再次扩大，从而把我们朝此方向考察过的古代遗址括入其中。

4月21日早上，我们从托克苏的多先拜巴扎出发，走上据说是前往和田的商队常走的路。过了横在托克苏与英阿巴德两地之间的沼泽草地，我们沿英阿巴德的东缘向一大片耕地的南头进发。途中我们找了一个当地的"寻宝人"艾则孜·帕万做向导，然后沿着通往和田的路线走向塔希尔哈吉的兰干附近的外围耕地。从那里再走约4英里，越过布满红柳的草地，来到卡尔梅克沙遗址。这是一座小城堡的遗存，用夯土筑成，城保内填满了变质的松土，没有建筑遗存和可资断代的其他遗迹。据艾则孜·帕万说，由此再往南，还有两座类似的小城堡，其名称分别为吉亚拉特里克和奥特开特坎沙，位置相邻。但因听信了不符实际的建议，我们的帐篷已让人送到了西北面的沙合德拉尔村，我们得走很远才能到达营地，于是便无法去调查那两处遗址了。据说那两座城堡内部也没有建筑遗存。

离开喀勒马克沙，我们沿通往和田的道路往西南行，来到达什吐格曼，那里有一座水磨坊，水是由北面沼泽地流过来的一条小溪供给的，小溪的源头是尤勒都孜巴格的水渠终端。在达什吐格曼附近，我们看到几块耕种马虎的田地，那是尤勒都孜巴格区南端农场库孜列克的土地。在农场外围树木以西约300码处，我们看到一个叫作阿克提坎协尔的古堡遗址，它的土墙已严重毁坏。堡内同样是填满了松土，不见建筑遗存。我们由此向北返回，穿过散乱的新开耕地和灌木丛生的荒草地，最后摸黑到了沙合德拉尔南缘附近的营地，总计行程27英里。

第二天早上，我离开营地向南前行，去调查通古孜巴什（意为猪头）的遗址。脚下的小路有4英里的行程都是沿着一块块大致连续的新垦土地的边缘向前延伸，路旁的耕地大约20年来是按轮作制播种的，但住房则是新近才建造起来的。灌溉这些田地的水渠伸向远方，穿过长满低矮的红柳的草地，一直延伸到遗址附近，这里离沙合德拉尔已有11英里的路程。在废"城"的北墙外将近450码的地方，我看到一块荒废的耕地，它的耕种年代可能是阿古柏统治时期，当时有人在城堡遗址内采掘硝石。

如图25所示，城堡平面呈方形，大致朝东，城墙每边长168码，各边均有规模不同的小棱堡（即马面——译者）戍卫。城墙和棱堡均用土坯筑成，土坯之间杂以被称为克色克的硬泥板。南北两面的城门外建有短护墙（瓮城——译者），它的后面有外院通至主墙上的豁口。北城门的外院有几间房子遗留下靠护墙而建的墙基。米尔·谢里夫说，他曾在院里东北部找到几枚木简；但我们清理这些房子时只发现一块陶片，它同该遗址内采集的其他陶片一样，胎质为细泥红陶。

城堡内没有看到任何建筑遗存。在往北和往西延伸的城墙脚下，看见了很大的垃圾堆。我们不可能做深入调查，但仍然发现了一只做工考究的有襻童鞋，其形制与敦煌石灰石地带发现的一致。发现几块纹绮残片和一团生棉花等物。陶片均属细泥红陶，其中一片的两面挂深绿釉，稍稍发亮，当属唐代。这里还发现一

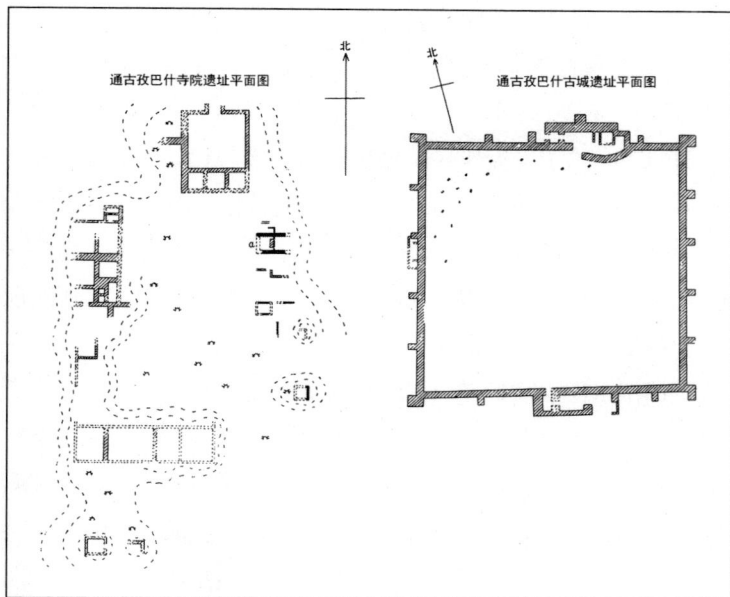

图25 通古孜巴什遗址平面图

张写有汉字的纸片，可惜尺寸太小，无法从中找到明确的断代依
据，但总的情况无疑表明城堡当属前伊斯兰时期。通古孜巴什是
起自库车城和库车绿洲尤勒都孜巴什一带，为通往和田河畔商队
道路的几条岔道的交会点。从这个事实并联系到黑大爷协亥尔城

堡遗址处于直接通往罗布泊的道路之上这种相似位置看来，或可推测这个交会点是一个设防要站，用以扼守自南面和田地区通至库车的最短路线。

在通古孜巴什"城"东偏东南方向约1英里的地方，我跟随向导踏访了他们称为布特哈那的遗迹。走近其地，我看到一条旧渠道依稀可辨，宽约8英尺，高出平地约10英寸，渠道沿线留有一定程度的风力侵蚀的迹象。渠道外面，残垣断壁散见于南北长约130码的地段，这显然是一些小型佛寺和寺僧住房的遗迹。据说这些建筑都由别列佐夫斯基的人做过调查，大概后来还被"寻宝人"挖掘过。大部分建筑用土坯建成，土坯的尺寸与通古孜巴什"城"墙的用料相同。此外，各处都有一些夯土建筑，并以木料梁柱插入加固，后来这些木构件也遭到自然力的破坏。遗址东侧留有一个小型的木料和篱笆墙构筑体的基址，这显然是两座相背而建的小庙的围墙墙基。这里，在遭严重破坏和风雨侵蚀的木雕饰件残块中，我们发现一块灰泥浮雕上面保留着一个戴盔武士的半个头像。这件浮雕与我在焉耆附近七个星的明屋佛寺中大量发现的小块浮雕一样，也是某种大型壁塑的局部。单凭这件浮雕，就足以断定整个遗址的佛教属性。但关于其年代的确凿证据，则有待于追寻并审察过去在这里发现的遗物，这些东西现在可能放在彼得格勒或其他地方。

当天晚上我回到设在乌尊皮青的营地。我们第二天的行程是向北前往尤勒都孜巴什的主要市场托尔帕克巴扎，去考察那里曾见报道的几个小遗址。最先碰上的遗址是克孜勒协尔，位于西偏西南方向约2英里处，这里的地表上新开垦的田地与沙质草地相间杂。从粗陶片的堆积看来，草地的外形与塔提相似，我们在这里发现一处建有围墙的院落遗址。围墙用夯土筑成，墙基厚约15英尺，墙内场地呈四方形，面积约168英尺×153英尺，沿墙有小型棱堡加强防守，其中一座棱堡建在东边，是唯一可容穿行进入院内的门堡。有些墙段至今仍高20或22英尺；但墙内早已成为一片平地，在我这次考察大约三年之前成了田地。无论在这里还是在北面约200码开外的另一个更小的院落，都未能发现任何明确的年代证据。但这第二个院子的夯土围墙已毁坏成不成形状的土墩，可见两个遗址都是古代遗存。

由此往北前行，经过一个叫作托帕协尔的地点时，我们看见几道残破土墙，这显然是废弃的农舍的遗存。接着我们进入一大片属于王也里聚落的新垦土地。这时米尔·谢里夫指着一个叫作萨拉依塔木的小土墩说，他和别列佐夫斯基曾先后在这里挖到大型佛像的残块。只见这里洞痕累累，想必这种挖掘使如今成为水浇地的地表上先前存在的建筑遗存都被破坏殆尽。根据米尔·谢里夫提供的信息，土墩近旁曾有一块古代墓地。大约20年前，也是在米尔·谢里夫受雇于别列佐夫斯基的时候，听说过去曾有人在这里掘开低矮的砖砌拱顶墓，从棺材里挖出尸体。据说在这些墓里还发现了金币。这个传闻不管是真是伪，都足以证实眼前的洞痕是盗掘所致。由于这些土地如今都成了耕地，当年躲过盗掘的尸体都已荡然无存。家住墓地附近的艾则孜·帕万后来拿出从墓里出土的一块砖让我观看。砖的尺寸为17英寸×12英寸×3英寸，烧制坚硬，提供信息的老乡说，如此质地的砖应为垆形状汉人所制。此说或许可信。

从萨拉依塔木往前再走约4英里，穿过王也里和玉其喀特买里的一片片农田，我们来到一个建有罕见的三重壁垒的地方。这第二个聚落正是得名于这些壁垒——玉其喀特意即"三重"。遗址位于一连串水田之外，由三道土墙构成，彼此相套，墙线形状不规则，或许是按大致圆形的要求建筑的。这些环形墙不是同心圆，外墙与中墙的间距，北部约400码，南部约880码。三重土垒所占范围的直径，总计似略小于1英里。外墙基部78英尺，高约15英尺，有一条排水沟穿过墙脚。中墙墙基的厚度在实测处约为52英尺。内墙环内的面积，直径仅68码，西墙段的高度近20英尺。这些墙圈内的土地，一部分是农田，一部分是长满红柳的沼泽地。没有发现建筑遗存，即使有也不可能在这样的地面上保存下来。

据当地知情人说，这一带从未发现古物。三道土垒仅仅以其平面布局令人注目。它的形制与我在中亚的考察过程中所见的任何其他古代城堡都大相径庭。那不规则的形状和粗糙的工程，都给我一个强烈的印象，即这三重壁垒的来历有别于库车地区或塔里木盆地其他地区古代遗址内所见的院落。我油然想起史前时期的土垒遗存，例如从英格兰到里海或更远方的辽阔地域内散见的环形遗迹。

玉其喀特的壁垒，其年代是否会早于中国历史记载和塔里木盆地现存遗迹所反映的时期，或者它们是否有可能是较晚时期在文明上较为后进的入侵者所建造的工程，对此我无从说起。不过《晋书》中记述库车时有一条费解的记载值得在此一提。这条材料说，龟兹人"俗有城郭，其城三重"。不能轻易设想库车大邑曾经建在玉其喀特的位置，尽管这条材料接着又说"中有佛塔庙千所"。不过晋时库车大邑的这个防御特点，如今从玉其喀特的三重壁垒得到例释，这是值得注意的。

当晚我们在2英里外的托尔帕克巴扎宿营。托尔帕克巴扎是尤勒都孜巴格村的主要集市，这个村落同库车地区西端农业区的其兰及其他几个村庄一起，现已归入沙雅县。4月24日早晨，我们动身前往塔吉克和托格拉克艾肯遗址，曾听说这是西部边缘地区保存有建筑遗迹的遗址。通往那里的道路据说间或有人用作前往阿克苏的直通路线，它穿过巴依小盆地边缘秃山脊南面的灌木沙地。大约走了4.5英里后，我们来到大片农田的边缘，不过前方2英里内也还有零星的新垦土地散见于草原地带。在这些新开田地以北约1英里处，可以望见一处叫作科什吐拉的遗址。我们在经过肖尔亚依拉克农场时已经走过了几个围有夯土墙的小型院落遗址。在科什吐拉，我发现一座大塔，基座为45英尺见方，残高34英尺，整个建筑用粗泥板（克赛克）筑成。大塔以北约86码处，有一个平台遗址，基底约46英尺×42英尺，建筑材料也是粗泥板，但上下用3英尺厚的红柳枝层间隔。这个显示在古老年代的标志从顶部的发现得到了印证，顶部高出地面约18英尺，原先似有一座神殿。米尔·谢里夫说，约8年前，他还看到过顶上有墙，高出砌筑坚固的基座约6英尺，还带有壁画痕迹。的确，彩色的小块灰泥仍可俯拾，这是遗迹已彻底毁坏的证据。往东约60码，一道以夯土与红柳枝层间筑的矮残墙延伸约70英尺，似为围场遗迹。有迹象表明，导致围墙受到破坏的部分原因是风力的侵蚀。

自科什吐拉西行，穿过一片红柳稀疏、偶有低矮沙丘的黏土草地，我们逐渐走近上面说过的锯齿形秃山梁的脚下。这段山梁高出冲积平原约2 000英尺。塔吉克遗址距科什吐拉3.75英里，如图26所示，它的位置在山脊下一道荒瘠的小山沟的口上。我出乎意料地发现，距主要遗迹100码内，靠近一条干涸的泄洪道，有一口井贮着还算清澈的水。水井旁边，有一个保存颇好的小哨所，还有一棵白杨和一棵柳树。正是有这条从山梁通来的地下水道，古时和近代才有人在此居住，否则这里必是一片不毛之地。哨所据说是1877年清朝重新治理这个地区之后建立的，此后曾多年使用，镇守着上述从阿克苏直通库车的沙漠之路。

4月24日至27日，我们调查了塔吉克和西面托格拉克艾肯遗址的遗迹。这些遗迹包括一个破坏严重的四方形院落、一座佛殿遗存（位于谷口的一块自然土台地上）和一群分布在稍高处几座矮山梁上的小寺。我在这里停留的第二天傍晚，从尤勒都孜巴格来了一群民工，这样我便有了足够的人手，将四方形院落的全部遗迹清理完毕。这里曾被一再挖掘。院子东南边和西北边的建筑几

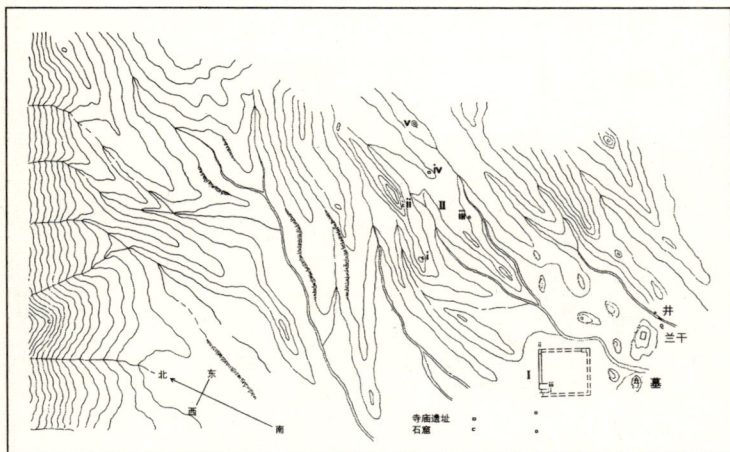

图26　塔吉克遗址区平面图

乎被破坏殆尽。但其他部位的遗存足以说明某些建筑特点。这是
一座高度不大的自然土冈，中央掘成地穴，边缘保留不动，形成
地穴四边的高台，即下沉式院落四壁的下部。这种建墙方法在西
角尚有遗迹可寻，那里有三座房子的墙壁保留着一定的高度，墙
壁下部在自然土冈上挖掘而成，上部则用泥板砌筑（图27）。

　　清理堆积后，发现三座房子中有一座（编号为 i ）是小佛殿。

图27 塔吉克方形院落遗迹

殿内后面中央有一佛龛（台座，前面有龛——译者），左右通往后
室的拱顶过廊里留有壁画残迹。在 i 号遗迹，发现一个灰泥浮雕
菩萨的头像和一只木雕的右手，后者可能是呈无畏印手的佛像细
部。还发现中国钱币一枚，但未能鉴定。i 号遗迹和西侧房间的地
面上遍布着坚硬的天然石膏。清理中未见遗物。离此约14码处，

即在四方形院落的西北边上，见有两座好像是小神祠的遗迹，分别为四方形和圆形。在邻接 i 号佛殿的 iii 区，我们发现三张写有龟兹文字的残纸。

清理四方形院落的其余部分，发现在北角也保留着建筑遗迹。在 ii 号房里，我们发现一枚中国钱币，但没有钱文；一块绿色厚玻璃，当系容器器壁残块；三个大型粗陶罐，均露出地表，但已破碎。铺地的硬石膏块被大量发现，说明四方形院落的其他各边原先也有建筑，可能是僧房；但仅在东北边见有两个小房间的遗迹，地板也是用硬石膏铺面。

前面提到的那群小寺（Taj.II），位于四方形院落遗址东北约 200 码外的两座黏土岩山梁上，两山峙立于一条小山沟的两侧，地势不高但山坡颇陡。II.i 号寺从疏松的岩石中开掘而成，是一个拱顶石窟，面积 10 英尺见方，后方有一条过廊。窟室后壁上曾有一个浮雕造像。走廊两壁的基脚部分保留着加固芦苇的灰泥，上面的壁画痕迹依稀可辨。在盖住地板的沙层中发现一张小纸片，纸片上写有婆罗米文字。更有意思的是，在洞窟下方山坡上不厚的垃圾层下发现一枚塔合提式的木简，保存较好。木简的正面和背面都有三段龟兹文字。木简上的穿孔表明这样的木简不只一枚。另一座小窟寺 Taj.II.ii 的拱顶和前部几乎已完全毁掉；窟内后部没有过道，只有一个拱形神龛。Taj.II.v 本是一个线崖凹，经人工开扩后成了一处简易的住所。Tai.II.iii 石窟已完全毁坏，洞壁无法确认，洞内有一座小塔，其方形基底残高约 2 英尺。该洞和严重毁坏的 II.iv 号窟的内部装饰，只有金叶碎片和彩绘的灰泥残块保存下来。

虽然我们的发现为数甚少，但塔吉克遗址的主要意义在于它所提供的有关自然条件的资料，这种自然条件可能曾普遍存在于这个地区，其年代正值当地盛行佛教，即可能是在唐代。不妨将这些资料与我在附近考察极其相似的托格拉克艾肯遗址时所获得的结果放在一起来考虑。该遗址位于一条狭窄曲折的峡谷中，峡谷的起点也是远方那条荒瘠的山梁（图 28）。峡谷的出口距塔吉克将近 2 英里，称为托格拉克艾肯，得名于因谷底地下水的滋润而长成枝繁叶茂、树干高大的一棵棵野白杨。我们穿过了一片芦苇和灌木丛生的原野，经过了一口咸水井，才到达那里。在谷口附近，我们看见一条小水渠，渠水清澈，水流涓细。原来最近有人想采用坎儿井来开发峡谷的地下水，以开垦下方扇形冲积地的肥沃土地。但因水源不足，这位雄心勃勃的库车土地占有者只好放弃这个打算——他只知道吐鲁番的坎儿井可以用来垦殖，却不了解此处完全不同的地质条件。然而这条小水渠却表明，即使现在，如果这里住上一群居民，其规模相当于峡谷两侧大量遗迹所反映的当年佛教时期这里居住的寺僧群体，那么，只要在托格拉克艾肯谷底的干涸渠床上掘出几口水井，想必也能满足这群居民的用水需要。

由于时间有限，加之所有遗迹都因不利的气候条件、人为的破坏和崖坡极其松脆的性质而遭到严重毁坏，我无法彻底考察全

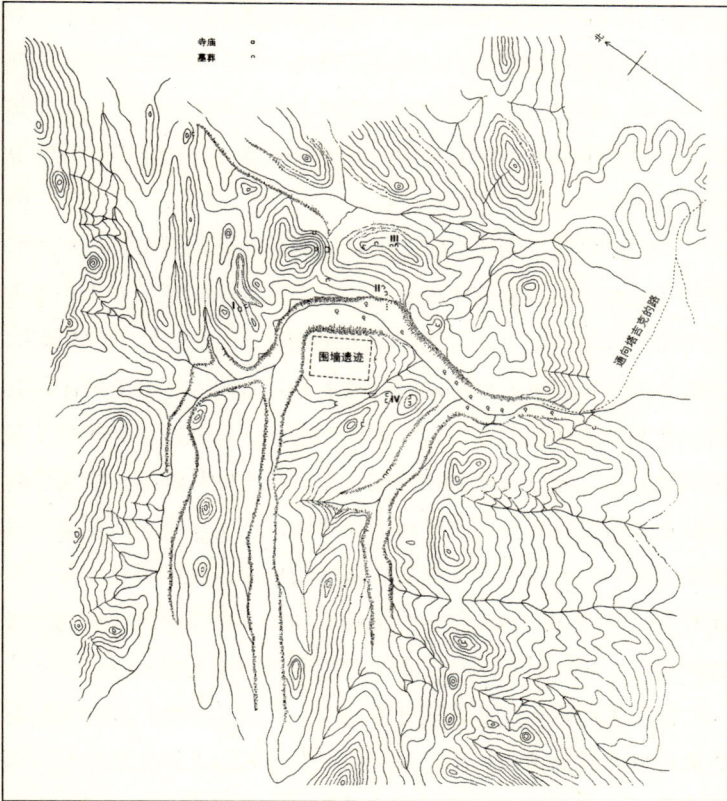

图28　托格拉克艾肯遗址平面图

部寺庙和洞窟。不过有人数较多的民工给予帮助，工作的成果已足以说明遗址的性质和年代。峡谷大致往北蜿蜒深入约400码，沿谷底上行，只见陡峻而狭窄的沟壑遍布各面山坡，突出地反映了雨水冲刷和侵蚀碎裂的岸坡所造成的后果，尽管这里可能不常下雨。由于彼此交错的松软土层不断消解，山坡和山脊上都暴露出几乎是直上直下的砂岩地层，使原先构筑在山上的任何建筑物都加速毁灭。

许多破碎及不成形状的古代木料被冲到山坡之间的小峡谷里。原先用这些木料构架起来的建筑，只有稀疏的遗迹留在山沟上方的山脊上。同样，那些规模不大的洞窟，无论是佛寺还是僧房，多数也因洞壁碎裂而局部崩塌，或者堆积着雨水冲来的淤泥。每次登往高处去调查遗迹，脚下的表层松土一踩就塌。遥想这个圣地兴旺时期，通往寺庙和僧房的道路经行人反复踩踏，要说那时候的地表也是这样暴露在外而受到破坏，那实在是难以置信。这方面值得一提的是，在大峡谷以南的山坡上，我曾看见灌木的死树根，但树木本身如今已全然无存。或许从前这里的土壤能够吸收到稍多一些的水分，因而在一定程度上受到植被的保护。

最引人注目的遗迹是遗址平面图（图28）上标出的 I 号遗迹；它的位置在朝向大峡谷出口的小山坡上，峡谷在这个出口上向西拐弯。这处遗迹包括一座石窟寺及其上方的四级台地，每级台地均有凿崖而建的佛龛。石窟寺内有一间10英尺见方的石室，后方有4英尺宽的过廊，与石室后壁两侧的门洞相通。石室和后廊均为拱顶。石室壁上的蛋胶画因岩石开裂和供作画的灰泥太薄且已糟朽而受到严重毁损。但东南壁上尚有画幅保留下来，画的都是坐佛和立侍菩萨，上方还有林间行猎图。这些壁画都已被小心揭下，尽管不无困难。壁画的文字描述和复制图像拟在后刊布。

石窟上方逐级后斜的山坡台地，自下而上分别开凿有10、8、6、4座佛龛。这些佛龛都是在沙岩上开凿而成，宽2.5~3英尺，进深2英尺6英寸至2英尺8英寸不等。龛前的阶地以第二排上方的一级最大最高。龛内隐蔽较好的地方仍有部分灰泥壁面保存下来；推测龛内原先当有坐佛图像，但均已无踪可寻。在冲到山脚附近小水沟里的大量木料遗存中，我们没有发现明显的雕刻品，但在清理台地旁边的山坡时，我们在最大一个阶地的东端附近发现了一件雕刻细微的木料柱头，尺寸为顶端12英寸见方，高10英寸。它倒插在0.5英尺厚的岩屑层底下。雕工出色的花卉纹饰，使人想起科林斯柱头，而其奔放的风格则与尼雅房屋遗迹中发现的斗拱雕刻相似。这件柱头和同样从台地旁边山坡上清理出来的一根旋成的栏杆残件，可能都是原先建在小山巅上的木建筑的构件，如今建筑已荡然无存，山巅也受到侵蚀。由此往东北约170码处的一座小山脊上，以及东南面的一座狭窄的鞍形山上，也发现有糟朽不堪的木料建筑遗迹，这些大概也是小寺庙的遗存。但这些地点都无法确定平面布局。

沿这道鞍形山下行，可以到达大峡谷东面山坡上离谷底不高的一排小洞窟，图28中标作Ⅱ，其中保存最好的Ⅱ.i号窟，看来过去曾被局部发掘过。窟内有一个石室，后壁凿一个佛龛（即石室后部中间台座——译者），壁后（台座后面——译者）有一条走廊。有两门洞通入走廊（即台座两侧甬道——译者），进入其中一个门洞上行，可以走到另一个石室的过廊，但石室现已被完全毁掉。II.i 号窟的石室顶部残存着坐佛的画像；彼此相邻的走廊内也有类似的壁画，技巧低劣。窟内地板用烧砖铺砌，上覆石膏。全面清理地板，只发现一件青铜饰物，上面带有镶嵌两块宝石的底托。北面近处，还有三座小窟，其前部均已塌陷。

另一群石窟编号为 III，位于东面高出谷底约150英尺处。其中一座是佛寺，平面与 T.A.I.i 相似，石室壁上保存着小坐佛像的菱形图案，均以镂花模板绘制；后廊顶部则有涅槃中的佛像，画工颇粗。佛寺南侧另有两座小窟，显然是寺僧的住所。

大峡谷的另一面，在一座陡峻的山冈顶部，有一处破坏严重的遗址。看来这是一个建有围墙的大院落，内部原先当有大规模的寺院建筑。由于山坡很陡，围墙有很大一部分已经滑塌，其围圈的面积约为50码×40码。围墙内堆满了垃圾和陶片，无法弄清建筑特点。沿墙线一带及其他地方，见有"寻宝人"挖洞的痕迹，要做系统的清理，不仅颇费时日，而且不会有多大收获。于是我把注意力转到在此以南的两群小石窟（编号为 IV）上。这两群石窟位于一座陡峭的小山嘴上，彼此相对。较远的一组是两座小寺，其间有过道相通。经全部清理，仅发现小坐佛等壁画残迹。另一群包括四座石窟，当系住所无疑，其中较大的一座与另一座小窟有走廊可通，为 T.A.IV.i。移去洞内填积的松土，我们在一座小洞里发现24枚中国钱币，有些钱币嵌在地板上。其中21枚是唐代钱币，另外3枚无钱文，可能属较早年代。这样，我们在结束考察之前，就先后从壁画的风格和出土的钱币上看出，这里至唐代仍有人居住。

由于要给拉尔·辛格安排调查工作，我只好于4月28日冒着大风沙起程返回库车。在肖尔也力克，我让阿弗拉兹·古尔取道东南方向去调查尤勒都孜巴格与哈那克阿塔木之间的地方。哈那克阿塔木在木扎特河东面，是库车地区最南端的聚落，我们约定在此会合。他走了三天才到这里。关于他途中考察的遗迹，后面再作简要介绍。但我不妨先在这里谈谈木扎特河西岸现今耕种区西界外面的塔提。这些遗迹，我是过后才在他的帮助下认定的。

据陪同我们考察通古孜巴格及上述几个小遗址的向导艾则孜·帕万告知，作为一个寻宝老手，他曾在一些古遗址上捡到不少小件文物，大部分是金属器，也有几件是玻璃制品和石器。我从他手中获得了这些器物。艾则孜说，这些小件器物多数是他在一个他称为达坂库木的古代居住区内采集的。据他的描述，那个地方是个遭受风力侵蚀的塔提。其他人也用这个地名呼其地，它的位置在尤勒都孜巴格西端耕种区以外的一个地点，正当直通阿克苏的沙漠道路上。于是我便安排阿弗拉兹·古尔在我们将要离开库车时特地去那里考察一下，同时也好探察前往喀拉玉尔衮的路线。

阿弗拉兹·古尔的考察报告说，5月10日，他从托尔帕克巴扎出发前往调查，当时他很高兴找到了一名"向导"，但很快就暴露出这名向导对路线很不熟悉，而艾则孜·帕万又已谢绝做伴。从托尔帕克巴扎前行约8英里，来到拉木帕，这时最后的几块田地已被他抛在身后。又走了2英里，到了风力侵蚀的地带，只见大量陶片堆积绵延约0.75英里，这便是古代的居住区了。向导把这个地方叫作哈吉里克，对1.5英里以外的另一个类似的地方也这么称呼。再往前走了约4英里，两人来到向导称为达坂库木的地方。在那里扎营弄不到水，但阿弗拉兹·古尔花了整整一天的时间，对预想中的遗址做了广泛的调查，那迂回曲折的探寻路线，从地图上看一目了然。这里由于红柳生长茂密而难以通行，调查工作毫无收获。阿弗拉兹·古尔没有发现土壤遭受风力侵蚀的迹象。因此，很难说这个地区会有塔提类型的遗址。在此后三天前往喀拉玉尔衮的艰难的长途旅行中，他也没有发现古代遗迹，而水井稀少、井水发黑则给他带来很大困难。这位调查员记录的这些经历，当可解释为什么库车与阿克苏之间的沙漠路线尽管径直，但如今除了急于逃避监视的人，很少有人由此经过。

　　有可能这条路线就是《唐书》所载，并由沙畹先生做过翻译的一则道里记中叙述的从安西（即库车）到拨换城（与现今阿克苏相合）的道路。当年玄奘从库车出发，西行600里而穿越一片不大的沙碛地之后，到达了"跋禄迦小王国"，他所走的也是这条路线，因为《唐书》有一段话明确指出跋禄迦就是拨换。玄奘的《大唐

西域记》没有提供这条路线的细节，但它的方向和里程与径直的
沙漠路线是两相符合的，因为从库车耕种区的西部边缘，到以扎
木台村的耕地为标志的阿克苏耕种区的东部边缘，其间大致就是
120英里。无论从里程还是从穿越沙碛地的记述看来，它都不可能
是唯一值得考虑的另一条路线，即沿现今大道经过萨依拉和巴依。
后者的路程要长得多，而且始终不经过沙碛地。

在《唐书》的道里记中，我们也可看出这种方向和地图上的
一致，尽管它所提到的几个特定路段无法确切定位。书中载道：
"安西（即库车）西出柘厥关，渡白马河（即木扎特河），百八十里
入俱毗罗碛。经若井，百二十里至俱毗罗城。又六十里至阿悉言
城。又六十里至拨换城……"（《新唐书》，卷四三下——译者）这
里首先必须指出，所记总距离420里比《大唐西域记》所记600
里要少很多。显然，从沙碛地的开端到"若井"之间的距离被省
略了。

如果把这个省略考虑进去，则其他几段里程记载当可按下述
推测的位置来解释。180里的距离若从库车算起，其终点大致在
尤勒都孜巴格耕地西部边缘，两地直线距离约为32英里。"若井"
很有可能是在肖尔亚的阿弗拉兹·古尔营地附近，那里在一条水
质颇咸的小河旁边有一处泉水，泉水发黑但尚可饮用。由此往俱
毗罗城约120里，可达乌鲁克亚附属小绿洲的可耕地，其直线距
离为往西约25英里。从这里到现今的阿克苏老城，直线距离约为
32英里，略超过唐代道里记所载到阿悉言再到拨换的120里合计

里程。但是，我们不能肯定阿克苏区境内无疑以"拨换城"为其名称的主要地点，其位置是否恰与今日阿克苏的"阔纳沙"相合；而且鉴于耕地实际上从扎木台村开始即往西延伸，可以设想拨换城的位置当在较近的地方，这样便与道里记所载里程较为一致。不过目前还没有明确的证据，拨换城及处在中介地位的阿悉言的确切位置，都应存疑。

第三节　在库车东南遗迹的收获

4月29日，我从乌干村的地盘东北端出发，继续赶路返回库车。途中我经过了称为杜勒都尔阿库尔的佛寺遗址，收集到一些资料，这在记述当地三条大水渠时已作交代，这些水渠实际上是从木扎特河西岸，从那个遗址（真正的苏巴什）的下方发端的。据当地的说法，从前河西的土地有八条灌溉水渠；的确，在杜勒都尔阿库尔遗址与现代渠头之间的那片贫瘠的狭长地带，还发现有三条现已废弃而年代较早的大渠道。如今河里是否有足够的水量来供应这些仍然不能满足灌溉需要的渠道，看来是大可置疑的。

4月30日，我利用仅能在库车停留一天的时间，考察了一个叫作阔特鲁克乌尔都的土墩遗址。这个遗址规模很大，但已严重毁坏。据米尔·谢里夫和其他几位当地知情人说，著名的鲍尔写本以及其他几件重要的梵文和龟兹文文书就是在这里发现的。这些文书于1891年辗转到了印度，后来由已故的霍恩雷博士加以整理。土墩位于库车城西南角南偏西南方向约0.5英里处，与通往科什吐拉的道路经过耕种区边缘的地点相距不远。它的形状为椭圆形，全部由泥土堆垒而成，西北端似有一座佛塔的基座，但佛塔已完全毁坏。这个部分的土墩至今仍高出周围田地约20英尺。东边，一块宽约14码的平台与上述基座相连，高度较小。平台外侧还有一圈围墙遗迹，墙体已多处坍塌，成为一个个小土墩。整个遗址似为一座大型寺庙的遗存，由于人们长期在此挖掘泥土为田地施肥，加之"寻宝人"大肆盗挖，遗迹已被破坏得几乎面目全非。在此以南不远处还有一个较小的土墩，其毁坏程度更为严重，如今已有一半埋在沙里。米尔·谢里夫说，大约28年前，他和几个伙伴就是在这里挖掘到一大批古代写本的。他们把所获文物瓜分出卖，一部分卖给了阿富汗商人，然后这部分写本又转到鲍尔大尉和麦卡特尼先生手里，于是欧洲学者对塔里木盆地埋藏的古物开始产生极大兴趣。

5月1日，经过30多英里的行程，我们来到哈那克阿塔木。这时米尔·谢里夫想带我去看看他熟悉的几个古代遗址，说这些遗址离他在这一带的田地不远。我们走了约3英里，来到库车河灌溉区南端的阿拉布克。在这个地点的外面，灌木丛生的几片大草原与多半是狭长的农耕地相夹杂，沿着从木扎特河开始的几条大水渠的末段绵延伸展。沿途听见人们都在抱怨河水不够浇灌可以耕种的土地，因为耕地旁边的荒地也很肥沃。由此不难看出这个地区今不如昔，从前河里水量较大，这里的整片土地应该都能连续耕种。

我们沿灌溉波斯坦和哈那克阿塔木土地的渠道前行，只见渠里还是干涸无水，分散的农庄及其近旁遮阴蔽日的大树与耕种不周的田地形成鲜明的对比。在一个长期人烟不断的村庄里，这种现象是缺少灌溉导致庄稼连年歉收所造成的。然而这里的居民又不愿意放弃这个地区而迁到新开垦的和现时条件较好的土地上去。这样的土地我们在第二天就在哈那克阿塔木的最后一个旧农庄下方意外地发现约有4英里长。大约6年以前，奉区长之命开了一条新渠，于是不少垦殖者来到这里新开土地。但看来谁也没有足够的信心敢冒风险在这里安家落户。这充分说明，在所有这些绿洲的渠道末段，有各种各样的不稳定因素容易造成当地的农业无法长期经营。

在哈那克阿塔木，我与阿弗拉兹·古尔会合了，他从尤勒都孜巴格出发后，做完了横越库车耕种区南部的调查，并且在我之前到达了这里。他的考察以平板仪和沿途报告做了记录，我们从中得知，在库车至沙雅的大路以东地区，有几个废弃后遭受破坏的院落和望楼遗址。这些小城堡都是夯土建筑，遗迹的形状与我们在尤勒都孜巴格以南见到的极其相似。在阿克协尔遗址有两处遗迹。这几个遗址都在现存渠道附近，离现在的居民区不远，因而当系因环境潮湿和人们经常挖掘肥田或搜寻"财宝"而受到严重破坏。在这样的遗址上很难找到可以断代的遗物，所以我比较放心不再亲自前去调查。

于是，我于5月2日从哈那克阿塔木最后一个农庄的营地向东南方向进发，去调查米尔·谢里夫说过要带我们去看的遗址。我们沿上面提到的新水渠走了约4英里，经过了垦殖区的新开田地。这里，田地旁边的红柳长得更高，野白杨树丛从西北向东南延伸。在距离营地约9英里的地方，见有一条老水渠的护堤沿这个方向延伸于树丛之间。沿渠道前行，我们来到一座大城堡遗址，米尔·谢里夫说它叫琼协尔。周围的土墙高约10英尺，平面呈不规则椭圆形。堡内土地依长轴计算为自西北至东南约340码。西北堡墙与一座土墩相连，土墩南北约70码，高约30英尺。城堡内多处发现渗透着盐分的垃圾堆。城堡的年代至今无法确定。

接着我们朝东北方向走了约1.5英里，跨过了一片表面覆盖着松软的肖尔地带。这时米尔·谢里夫告诉我前面有个遗址叫小镇。原来这是一个小哨所的遗迹，周围有厚约7英尺的夯土围墙，内部面积约38英尺见方。哨所外围还有一圈外墙遗迹，也是夯土建筑，与内墙大致平行。内墙有几段残高12~13英尺，可见建筑得颇为坚固。但我在这里也未能发现明确的年代标志。

从这里往东南前行约4英里，我们走到一片叫作陶如克的大洼地。多年来每逢洪水时节，这里可从木扎特河末段的东延河床沙央河得到灌溉。洼地的底部如今已成旱地，但这里的井，只要挖到2.5英尺深，就能冒出清澈的水来。就在一年前，这片洼地还曾短期种植过小麦，小麦长势很好，这是木扎特河主要延伸河段英其开河以及塔里木河下游沿岸一种广泛流行的做法的一个实例。我在其他著作中已经指出，这种做法对遗迹研究有重大意义，因为据《汉书》记载，早期汉人曾竭力在渠犁地区屯田。这个地区包括沙雅以东的木扎特河下游和塔里木河的沿岸土地。

5月3日早上，我们再次登程，向东偏东北方向进发，经过了一片更晚时候被洪水淹过的土地，只见有些池塘还蓄有清水。走了约4英里，我们又看到一座土堡遗址，与头一天所见的琼协尔相似。它的平面呈不规则椭圆形，南北径长约200码，土墙高出堡内被碱渗透的土地约15英尺。近处，芦苇和灌木生长繁茂，可供放牧，说明这种土堡有可能是为放牧人及其畜群暂时避身而修建的。但显示年代的遗物仍无从查考。

离开这片表层覆盖着盐分的土地，进入一道红柳林带，我们看到一条遗迹分明的古代渠道向东北延伸，渠底宽22英尺。沿渠道前行约3英里后，我们到达黑大爷巴扎遗址，这时米尔·谢里夫说，他曾在这里挖掘过，找到了一些纸写本残卷。我们在这里发现了几处小型建筑的遗迹，这些大部分是木料和篱笆墙结构，散见于一处高坡上，坡地是从老红柳丛中开辟出来的（平面图见图29）。由于受到风力侵蚀，后又经反复挖掘，这里的遗迹除墙基外几乎被破坏殆尽。但是在坡地的北端，我发现了一间小室残留下来的墙壁，墙体用粗糙的泥板砌成，室内面积为11.5英尺×13英尺，周围建有一道回廊。清理回廊东面的垃圾后，我们发现几张写有婆罗米文的小纸片，字体酷似前些时候米尔·谢里夫给我看

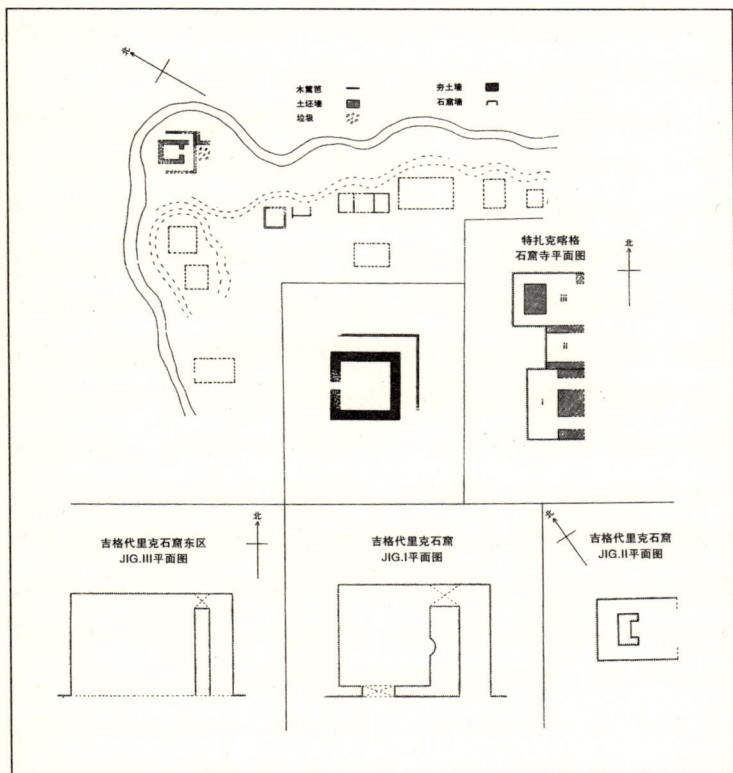

图29　库车黑大爷巴扎居住遗址平面图

的一张龟兹文残写本，当时他还说这纸片是在这个遗址上发现的。根据这些考古证据似可断言，这些遭严重破坏的遗迹应是一座小佛寺的遗存，而且殿堂建筑旁边当有其他房舍。整个寺庙可能是在唐代被废弃的。

考虑到实际情况，我们应早日返回库车城。因此，我未能前往东北约3英里外的黑大爷协亥尔遗址进行考察。这个遗址，阿弗拉兹·古尔按我的嘱咐从轮台抄小路去库车时已做过调查。根据他的详细报告，他在那里发现了一座椭圆形城堡。从他的描述来看，该遗址的建筑特点和保存状况均与通古孜巴什的院落相似。围墙基础厚约26英尺，若干墙段残高约18英尺。阿弗拉兹·古尔观察到筑墙的方法是夯筑和粗泥板砌筑的土层，每隔2英尺3英寸间以薄薄的一层红柳枝。围墙内的地面上渗透着碱，土墙基和胡杨木料残块之类的建筑遗迹早已在过去的挖掘中被全部毁掉。城堡西北面有两个矮土墩，其保存情况也是这样，土墩上曾有某种建筑。较近处的一个土墩，阿弗拉兹·古尔从其形状推测是一座佛塔遗址。在这两座土墩西北，他又看见一个院落呈不规则椭圆形，围墙较低，坚固程度较差，年代也较晚。

阿弗拉兹·古尔察看遗址地表时仅采集到一些红陶和灰陶碎片。这些陶片虽不惹人注目，却是一批很有意思的考古资料。正如霍普森先生在分析我的陶器搜集品时所指出的，黑大爷协亥尔陶片的纹饰和质地，表明它们属于在楼兰遗址和敦煌石灰岩地带大量发现的陶器所代表的那些器类。霍普森先生的观察结果说明这个遗址在很早以前曾有人居住，因此我特别遗憾未能亲自考察它的遗迹。但愿这里的记载能使将来某个有能力的考察家注意这个地方。阿弗拉兹·古尔的行程报告所记述的地形观察也是值得注意的。当时他从东北方走向黑大爷协亥尔，在距离该遗址大约还有1.5英里时，他跨过了一条形迹明显的道路，这条路从西北向东南延伸。他的向导说，这是往来于库车与罗布泊地区之间的人常走的路。鉴于这条路线在中国内地沟通西域的大道须从楼兰经过的早期具有重要意义，我们必须重视这样一个事实，即我们发现它的设防哨所恰恰就在它通至过去库车耕种区东南端的那个地点。

从黑大爷巴扎返回库车得经过一片片芦苇和灌木丛生的放牧场，当天很晚我们才走到梯木。这是一个偏僻的村庄，位于一条狭长耕地的尽头，田地有一条大渠从木扎特河引水浇灌。梯木村得名于一座古代的土墩遗址，但遗址毁坏太甚，竟无任何遗存显示其原先的性质。第二天（5月4日），我们沿这条狭长耕地走了12英里，然后又经过9英里的荒凉草地。这个地方是库车河扇形冲积地的一部分，但如今已得不到库车河水的灌溉。直到离库车城大约还有6英里的时候，我们才进入确系长期连续耕种的地区。阿弗拉兹·古尔从黑大爷协亥尔到库车城的路线在东面较远处。那条路线使他看清了那一带水浇地的界限，其中大部分田地是近年才从灌木丛生的荒地里开辟出来的。但是他在两个地点发现的土墩遗址，以及在另一个地点考察的年代古老并建有围墙的桑罕

139

阿塔木哨所，证明那里也有人烟不断的居住区，其范围曾一度比现在大。

由于时间紧迫，而库车的古代遗迹又散见于这片绿洲现代范围以外的辽阔地区，我对上述诸遗址的踏察便只能是仓促为之。然而我的考察已足以使我在一定程度上了解到，我在绿洲停留期间所搜集到的各种文物，可能是在哪种环境下发现的。这些小件器物的形制与我们在库车绿洲一带，从佛教时期开始成为废墟的古代居住地中所见到的塔提发现物均极其相似。鉴于库车灌溉区外面的土地遭受风力侵蚀，尽管破坏的程度比塔克拉玛干以南地区要小得多，我们仍可相信大部分发现物的提供者米尔·谢里夫和艾则孜·帕万的叙述是真实的。他们说，这些器物是在绿洲以西和西南的达坂库木及同类地点的塔提中捡到的。不管实际情况怎样，有一点应该指出，即可能由于在佛寺遗址上开荒种地而出土的灰泥浮雕残块，以及类似于和田古代文化层因水流冲刷而大量出土的那种带有纹饰的陶制品残片，在库车的搜集品中是几乎完全没有的。在收集的钱币中有数量较多的汉文—佉卢文二体钱，这也是值得注意的。

数量最多的是青铜制品，其中首先值得注意的是印章。许多印章刻有动物纹，多数形态怪异。少数印章雕有人物形象或半人神像。特别值得一提的是：有一枚印章的图像为一名佩剑男子，其站立姿态与某些贵霜钱币上的王者形象相似；另一枚印章的图像近似犍陀罗浮雕中常见的人鱼神像。一枚青铜戒指印章正面的阴刻也呈现出古典特征。不过这些青铜印章多数做工粗糙，似属当地产品。带有纹饰的小件青铜用品也为数颇多，如带扣、带钩、带环、纽扣，有的饰有人物纹或动物纹。青铜箭头种类繁多，器形与敦煌石灰岩地带、罗布泊沙漠和尼雅等地遗址的发现颇相近似；有些铜镞形制较为特殊。

　　石料器物多半是褐煤制品，其中有不少印章，装饰与青铜印章相似。有两枚印章刻有汉式碑刻文字。玻璃器主要是串珠和垂饰，形制往往与和田遗址中发现的同类器物相似。有几只玻璃小鸭，可能是随身护符。此外，还有一枚玻璃印章特别值得注意，上面的图案是在菩提树下禅定的坐佛，做工甚精。另一枚玻璃印章刻有一只羚羊或马，雕工颇粗，当与多数青铜印章一样同属当地制品。最后，我们还发现了两颗刹形珠和一个垂饰这类膏泥制品的坯料。

第四章

从库车到喀什噶尔

第一节　拜城的古代遗存

　　5月6日，我从库车出发西行，去调查喀什噶尔地区。从4月初开始，总领事一职由帕西·赛克斯上校充任，马继业先生则回英国休假，当时我得知他打算在6月的头一个星期从喀什起程。最要紧的是我得在他动身之前到达喀什噶尔，以便我在俄国帕米尔和奥克苏斯河最上游沿岸的既定旅行，在准备工作上确有把握得到他的帮助。库车与喀什噶尔相距近500英里，至少得连续走三个星期才能到达，加之沿途经过几个区政府时，总得做短暂停留，这样就剩不了多少时间再匀给路上使用了。我只好满足于利用这样的机会来大致地调查一下古代中国的北道上我未曾问津的若干路段。我初拟将剩下来可供文物调查的有限时间用于巴依区的两个小遗址，据库车的知情人说，以往欧洲的考古学家从未对此两地作过调查。

从库车城前往克孜尔河，头两天我们走的是大路。这条路爬上一连串贫瘠的山冈，沿着曲折的峡谷向木扎特河延伸，峡谷的入口距库车城约10英里。在向峡谷走了将近一半路程的时候，我们经过了克孜尔伽哈的一座高大的废塔楼和几座小窟寺，这些遗迹证明这一段路线有着古老的历史。峡谷中最便于防御的地点叫作喀热勒，在这里我看到4座塔楼的基址坐落在险峻的悬崖上，显然是一座古老的丘萨的标志。

在越过一座光秃破败、高度约达5 600英尺的高原之后的第二天，我们到达了克孜勒欧乐堂村。接着于5月8日，我对木扎特河左岸山沟里的一大群佛教窟寺做了一次匆忙但很有意义的考察（图30）。这个极其重要的遗址叫克孜尔明屋（即石窟寺——译者），以往俄国、德国和法国的几支考古队曾反复对它进行调查和勘察。石窟寺的许多极有意思的壁画，已由格伦威德尔在其相继出版的两部著作中作了充分的描述；而转移到了柏林的一大批壁画，也将在勒柯克教授的出版物中得到真实的再现。因此，这里无需赘述这些窟寺的地位和性质。在新疆地区，再没有哪个地方能像这个遗址那样使我联想到敦煌千佛洞留给我的印象。

5月9日，我离开通往巴依区的大路，走上了更靠北面的路线。一路上先后经过了兴旺的拉帕尔村庄、灌溉村庄的河道的河床沿线，以及萨依拉木村庄，然后来到特扎克喀格明屋遗址。这个地

图30 克孜勒明屋的石窟

方的名称源自处于该河出山口正下方的耕种区，遗址就在出山口附近。从图31的平面示意图上可以看出，宽阔的河床从天山山麓丘陵伸出，一条山嘴沿着河床的右岸往下延伸，而遗址的位置就在它最南端的支脉上。在这山嘴的尽头，悬崖壁立，河道经过崖

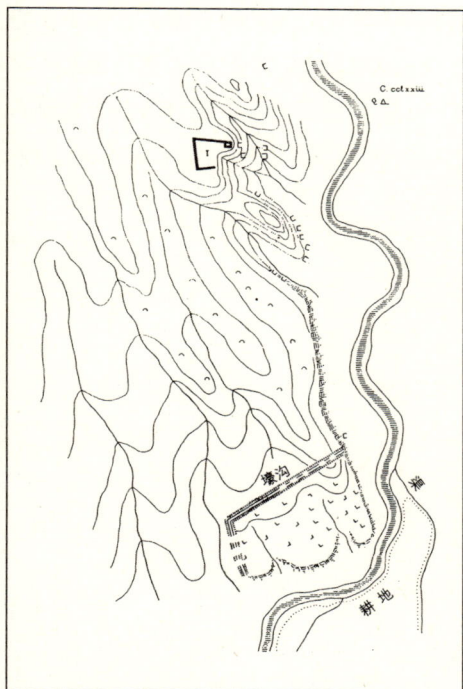

图31　特扎克喀格附近遗址平面图

壁脚下，蜿蜒约60码。这里，一群小山洞开在密集的岩石丛中，其中向河而建的约有8座，其余的大体也是这个数量，见于一条小山沟的两侧，山沟揳入一块小高地，高地上残留着一座塔楼和一座附属建筑（标号为Ⅰ）。

大多数小洞的石壁上暴露着形成石壁的粗石块，大概由于施工草率，壁面很不平整，原先敷抹的灰泥面已经剥落。因此不可能究明这些方形或长方形的小室到底是佛堂还是僧房。有两座石洞面积稍大，直接开在上述附属建筑的下方，其平面图见图29。

图32　古格代里遗址（自西向东拍摄，箭头示小窟寺位置）

洞壁上保留着部分灰泥抹面和破损严重的壁画痕迹，iii 号洞内还建有环形回廊，可见此二窟应系佛寺无疑。洞室的前壁和隔出一个小间的隔墙都是粗糙的砖砌体。这两个洞和其余各洞都有迹象表明，在朝拜断绝之后，它们曾一度或再度被用作栖身之所。

I 号建筑遗址坐落在一座人工扩建的小山顶上，高出河床约 120 英尺。破败不堪的夯土砾石墙围圈着面积约 40 码 ×26 码的场地。西南角附近有一墙段残高约 9 英尺；其余几段残墙只有低矮的砾石墩保存下来。据说在贝道拉特统治时期，人们为挖取泥土中的硝石，曾将围墙内部翻掘一遍。这说明古时遗址上曾建有住房。

这座高原形状的山顶是上述山嘴向南和西南方向延伸的尽头，山顶上散布着伊斯兰时期的低矮坟丘。这个事实或许表明当地的崇拜曾在这里沿袭下来。山嘴的东南端有一个小镇遗址，它的周围留有严重毁坏的围墙，唯一容易攻破的北面和西面修有防御工事，当年的壕沟至今仍清晰可辨。壕沟通贯山顶，长约 40 英尺，东北角上深达 10 英尺，凿岩而过。围墙用取自河床的大石块砌成，北面厚约 3 英尺，遗迹最为明显。在其他地段，由于南面和东面有河水流过悬崖陡壁，围墙建得草率，几乎已无踪迹可寻。墙内的面积计约 140 码 ×100 码，但见石堆遍地，都是房屋石墙的遗存。整个外貌酷似印度河畔的卡里夫科茨和印度西北边省丘陵地带附近的其他城址，只是那些城址的规模要大得多。

出于对殷勤的汉人区长的尊重，我在巴依区区政府停留了一天，然后再次离开我们走过的大路，去调查明屋。这个地点我在库车时听说是在木扎特河南面贫瘠的丘陵地区。我们先是在有喀普萨浪河灌溉、精心耕种的田地间走了大约10英里，然后在温巴什小集市越过木扎特河到了右岸。有趣的是，这里的河床虽然足有1英里宽，实际上河水分成了三条小渠，总流量不过580立方英尺/秒。这个水量同不到两周之前我在该河流入平原的出山口上测得的2 000多立方英尺/秒比较起来，可谓十分有限。这说明当时测量的河水有很大一部分是由木扎特河在巴依区下方汇纳的几条支流供给的，而罕腾格里峰一带作为主要河源的冰川则尚未开始倾泻其夏季洪水。不仅如此，木扎特河的实际水量在流经巴依盆地时可能有不少已被亚喀阿里克一带沿河两岸耕地的灌溉渠道吸收了。

我们在吉格代里克村扎下营帐。5月13日，我调查了当地称之为明屋的石窟寺群。它们的位置在南偏西南方向约5英里外，正当一条狭窄曲折的山谷口上，山谷从荒瘠的山梁上节节下降，将巴依盆地与塔里木河北面的荒原分隔开来。在这条小谷延伸到谷底约200码的地方，两面都是松脆的砂岩形成的悬崖陡壁，这里我们发现三股小泉彼此靠近。山泉在西面崖壁上一块突出的矮台地脚下自芦苇丛中流出。泉水清冽爽口，不过到了承接泉水的小溪里就变得略带咸味，再往下流动不远就干涸了。拜城的这一地带，到处是严重侵蚀的砂岩或页岩，山脊上寸草不生，然而却有可以饮用的水源，这想必便是为数众多的石窟佛寺和僧人住所能够存在的缘故。这些石窟中至少有6座是在西面的峭壁上沿着不超过0.25英里的崖面修建的。东面稍稍低矮的山嘴（图32）上有4座，彼此靠近，还有几座隐蔽在侧面的窄山沟里，或者埋在碎石下面。前面提到的那座谷底小山梁或台地，上面似乎曾建有若干佛塔，但因"寻宝人"反复挖掘，就连塔基也难以寻找了。

西面的石窟中有一座小窟高出平地约30英尺，最容易登临。窟内有一道环绕的回廊，故而可以肯定它原是佛寺。它的前部已经陷落，由于雨水的冲刷，内部大部分填满了板结的淤泥。中央岩块上开有5个小龛，龛内和侧廊入口上方均留有壁画残迹。由此往南约200码有一群主要的洞窟。其中最高的一座（见图29中标作 Jig.I 的示意图及图32左侧）据说曾出土写本，那是大约在7年前，萨希布阿里即印度驻库车的阿克萨喀勒，由他的一名当地勤杂工领路，在这里挖到一大包写本，后来交给了马继业先生。这座石窟在大约120英尺的高处，内有一个房间，开有一扇窗。它的门道有3英尺宽，位于一条走廊的尽头。从地上和上方岩石上留下的沟痕可以看出，入口有木门可以关闭。房内北壁有一排火龛，上方有5个小壁橱。

房内的地面一部分尘封土盖，一部分铺满了废秸秆和残席子。这些垃圾中发现有大量各种碎纸片，上面写着中亚笈多类型的婆罗米文字。另有约20张的碎纸字迹相似但字形较大，说明萨希布阿里的清理工作做得颇为草率。有可能此洞早先就曾被挖宝者翻查搜索，或许还不止一次，使写本遗存遭到破坏。在走廊里发现

6张较大的纸片，一张棕榈叶及一张桦树皮写本的两张细碎残片。这些纸片虽然作为文献遗存意义不大，毕竟有助于断定由喀什噶尔总领事馆或由印度政府派人，在不同时期收购的以及曾由霍恩雷博士保管的那些写本均系来源于库车。

往北，在地势约低50英尺处，也有一座石窟寺（图29）。窟内有一间小室，宽17英尺，进深10多英尺，两侧及中央岩屏背后绕以回廊；廊道内有一壁龛（台座，台座前面有壁龛——译者），龛内原有一尊灰泥造像。小室的前部以及顶上的抹面均已塌陷。但顶部残留着彩绘的菱形图案；它与造像龛内所绘坐佛残迹一样，显得古朴工巧。小室和回廊中均未清理出遗物。再往北约60码，在地势又稍低一些的部位，有一个穹窿顶大洞，残宽约31英尺、进深超过21英尺。它的外观像个厅堂，可能供僧人聚会之用。前部已塌，落下的大量岩石覆盖着地板，堆积甚厚。由此再往北约50码，又有两个石洞，其间仅以薄薄的一道岩石墙相隔，但如今已有豁口相通，显系近世所开。草率打凿的洞壁已被烟火熏黑，盖住地板的泥土和废秸秆层表明这里曾被反复挖掘。较大的一座宽约18英尺、进深12英尺，看上去像是自然洞窟，只是洞壁已经整平。地板上有一个洞穴，现已部分塌陷，由此往西穿行，可以进入另一个类似的洞窟。

山谷东面的洞窟都是小穴，由于雨水不时从岩石分解的山坡上倾泻而下，洞里遭到了水流的冲刷和淤泥的堵塞。山坡上的岩屑层大概把某些开凿的山路也一起盖住了，因而高处的山洞有的极难攀登。保存最好的石窟是一座精心开凿的小室，位于溪岸上方约80英尺处。我发现洞内的地面曾被全面清理过。从这里往山嘴的北端攀登，好不容易才穿过一个完全坍塌的石窟而到达窄小的山巅。在这约200英尺的高处，我发现两个石窟，洞内大部分已被淤泥填塞，两个石窟都是僧人的住所。其中一个（图29）的入口开在一个角上，进入石洞得先经过一段凿岩而建的走廊。石窟里没有清理出任何遗物。在该洞下方的一块小台地上，我看到一些烧焦的木料，木料下面的黏土地面已被烧成红色，可见这里原先建有木构小寺，后来毁于大火。在攀登这座东山坡时，一路上陶器碎片随处可见，说明这里曾长期有人居住。

朝向山嘴东南端的山沟里的较小洞窟，可能是被雨水冲下来的碎石堆积层盖住了。埋没一半的洞口很难与水流冲刷出来的自然凹穴区别开来。但这样的洞穴我的向导只知道一个。它的位置在一道窄山沟的高处，沟底仅几英尺宽，我们爬了约0.25英里，又攀登了一段陡峭的碎石坡，才到达那里。这是一个小石室，后面有4英尺宽的回廊。洞壁上仍然保留着白灰面，但无论在洞壁上还是在中央方形岩块各面的壁龛内均无彩画痕迹可寻。小室和走廊的地面过去曾被挖掘过。除此之外，我还在西山坡较低处几条山泉下方约0.25英里的部位调查到一个石室。它的前部已完全被毁坏，洞内填塞着几层板结的淤泥，堆积高度约达6英尺。但在后壁上方还保留着一条饰带的彩绘痕迹。它的装饰线条向洞顶方向逐层收缩，形成木料顶板构件的效果。

总的说来，我在吉格代里克的这个明屋所得到的印象是，在这个荒凉贫瘠的山区，由于有山泉存在，因而在佛教时期这里成为一处自然外道类型的圣地。此后，当地的自然条件似无重大变化。这个观察结果在地理学上具有一定的意义，因为它表明，佛教时期以来的干旱作用，对天山的这条外围山脉并未产生重大影响。

第二节　经阿克苏和巴楚到达喀什噶尔

对吉格代里克的明屋的调查，标志着我这次在塔里木盆地的旅行中田野考古工作的结束。由于要赶回喀什噶尔去开展那里的大量工作，而且当时时间短促，我只好走大路取道阿克苏和巴楚。走这条路倒也有利，因为我以前一直没有机会对它做沿线调查，仅在上述两城附近做过短程考察。同时，大量的地形学依据也表明，自中世纪以来，沟通喀什噶尔的主要路线不可能离此很远，尽管在较早时期这条路可能会很难走。沿这条人们常走的商道，我用17天的时间就走完了距离喀什噶尔还剩下的370英里路程。由于走得快，而且这一段北道自贝尼迪克·吉欧斯时期以来是欧洲旅行家常走的大路，所以下面只谈几点对它的一般印象。

从水力资源丰富的拜城盆地到阿克苏大绿洲以东农田基本相连成片的地区，它之所以交通便利，是因为围绕盆地南沿的贫瘠山梁在亚喀阿里克与喀拉玉尔衮之间容易翻越。这条山脉处于中央天山的偏外部位，其往库车方向延伸的东段每有陡坡深谷，山岭高出木扎特河2 000~3 000英尺。往西则地势降低，至亚喀阿里克附近形成冈丘起伏的低矮高原，然后再度耸起，向西北转弯。因此，这道分水岭在亚喀阿里克村与路边小站居尔伽之间，可容畜力车或手推车顺利通过，其相对高程仅约300英尺。与西南部邻接的几个山嘴侵蚀甚重，山坡广阔、徐缓且铺满砾石，这样的地形同样容易通过；而且喀拉玉尔衮村是在阿克苏区几片小绿洲的东端，前往该村走的是一段很长的下坡路，总的说来水源也不缺。由此前往阿克苏，无论是去"老城"还是"新城"，都只需轻松地走上两天便可到达。由于罕腾格里峰以南的天山积雪能为纵横分岔的河床输送河水，所以有充足的水源使这一带的土地成为可以耕种的田野。

我在《西域考古图记》中已经谈过中国历史文献对现今阿克苏地区的简短记载，包括《汉书》和《魏略》对姑墨以及《唐书》和较晚文献对拨换、威戎等地的叙述。在该书中，我还谈到了对这一带地理因素的看法，这些因素决定了阿克苏在政治和商业上的重要地位。此外，我还谈到当地河流提供的丰富水利资源在近代未能得到充分利用的可能原因。

阿克苏的道台朱瑞墀先生是我的一位老相识，蒙他的盛情接待，5月18—19日，我分别在老城和新城各停留了一天，恰巧再次遇到拉尔·辛格，并给他安排了下一步的工作。拉尔·辛格离开库车后，穿越鲜为人知的地方，沿天山山麓到了木扎特河的出山口。他不顾春寒料峭，由此前行，带着平板仪上溯仍被积雪覆盖的河源进行调查，登临了前往伊犁的道路必须经过的冰川，那条路得翻越分水岭，山岭的西面便是以海拔23 600英尺的罕腾格里峰为其顶点的大山岳。由于乐于助人的道台欣然答应让地方上提供帮助和向导，我才可能让这位调查员沿一条新的路线走到喀什噶尔。这条路线大部分伸展于1908年我从北方南下时到过的那些光秃山脊之上或之间，属于向柯坪小绿洲的东北和西南延伸的天山外围。于是拉尔·辛格得以把我们的调查扩展到过去完全未曾踏勘的很大一个地区，然后经过喀勒塔亚依拉克，于6月的头一个星期在喀什噶尔与我再度会合。

同现在一样，从阿克苏取捷径前往巴楚的路线，想必一向是取决于旅行者能为自己及其驮载牲口找到水喝的那些地方，因为这条路线始终是在南有叶尔羌河、北有天山余脉的冲积平原上。因此，历史时期河道在地表的排水量或排水方向上的变化，必然会留下一定的痕迹。所以不管我的仓促旅行使我得出的看法多么难以概括全貌，我还是想在这里作一简述，但愿有助于这些看法与塔里木盆地其他地区相应观感的比较研究。在提到这种变化的迹象之前，我想先扼要地谈谈我们6天所走过的估计共约150英里的现代路线。

经过头一天的行程，我们已靠近叶尔羌河左岸水渠所灌溉的常年耕种区的西南边缘，来到托什干河与库木阿里克河的汇合点附近。尽管春寒未消，但在这两条河的合流河床中（大路在乔克塔格附近涉河而过），以及在其西面支流（称为阔纳，意为老河，有桥可通），水流都很充足。这个现象再一次表明，如前所述，阿克苏大绿洲今之耕种区要比两河常年供水量所容许的耕种面积要小得多。在最后一个村落罕贡附近陆续开垦的分散田地外面，道路沿多石的萨依地区（它从外围山岭英干塔格的山麓延伸下来）与多黏土的平坦草地（长满了低矮的灌木，主要是红柳）的交界线上延伸了约30英里。沿途见有三个废弃的哨站，旁边挖有水井，但只有肖塔库都克的井水勉强可饮。

其兰站位于现代路线离开砾石缓坡的边缘而继续向西南延伸的地方。这里有30多户人家，房舍聚集在两座堡垒遗址周围。它的位置在柯坪盆地的排水流注地区的东头，水流如今可达阿恰勒村新垦土地之外，1908年我曾经过其地。根据地形特征我们可以确断，即使在较早时期，通往喀什噶尔的大路也要经过其兰。但是有充分的理由相信，古代，至少及至唐代，大路经过这里之后，就径直向西延伸，穿越如今完全无水的沙漠地带，经过穷梯木和拉勒塔格遗址。

这个观点，以往我就谈过它的考古学证据，而且在地图上也看得一目了然，因为如地图所示，从其兰开始，经过上述两遗址，穿过以阿拉奇的塔楼防守的山峡，最后到达巴楚，是一条几乎笔直的路线，它比现今的大路约短15英里。出于用水的需要，现代大路只好向南迂回，以便绕到叫作喀拉库勒吉勒伽的尾闾河床；

这里的水来自吐木休克以南的沼泽地，每年夏天，喀什噶尔河和叶尔羌河都有洪水注入沼泽。在雅克库都克站遇上流经其地的喀拉库勒河之前，过了其兰一路上都找不到水，仅在亚依德有稍带咸味的井水。由于时间仓促和找水困难，我很遗憾，未能调查西面沙漠中自其兰至穷梯木古道沿线索克苏克协尔等地的塔楼遗址，仅在1908年5月离开柯坪后途中听人说过那些遗址。这里可以指出，在我们的亚依迪营地以南约3英里处横越道路的常年干涸的老河床，据当地知情人说，当与经过吐木休克西北却勒塔格脚下然后进入穷梯木以南如今无水的沙漠的同名老河床相关。很可能由于有这条河床提供灌溉，这里和附近的塔提遗址大概及至唐代（某些遗址甚至更晚）还有人居住。

从亚喀库都克往前，道路大致保持着靠近蜿蜒的喀拉库勒河的左岸，大部分道路路旁生长着茂密的胡杨树丛，直到恰依奴特库勒站。过了这个地点再往前约6英里，我们走到一条新垦田地相连成片的长条坝子。这是阿克塔木村的田地，它的范围看上去比上次我调查这个地区时扩大了许多。1908年我到过附近的吐木休克村一带，走过由此通往巴楚的道路。在记述当时的印象时，对这里道路的重大变化记忆犹新，眼前呈现出蜿蜒的道路绕过一座座孤立的小山的脚下，山峦像岛屿似的隆起于巴楚以东和东北的平原。这里需指出，喀什噶尔河的每年泛滥，使乌库尔麻扎塔格与西南面的麻扎塔格之间的低地大部分甚至全部成为沼泽，因而1877年中原王朝重新占领之前，如今已成恰尔巴格及其邻村耕地的广大地区，是无法耕种和难以通行的。所以在这片土地被逐步开垦之前，从吐木休克开始的老大路不是沿乌库尔麻扎塔格的南端而行，而是在其北面经过阿拉奇山峡，穿行于乌库尔麻扎塔格与同样崎岖荒瘠的拜勒塔格之间。而更早时期较为直接地沟通阿克苏与巴楚的路线在经过穷梯木和拉勒塔格两遗址之后，想必也是穿行于这条两侧都有古代哨站遗址的山峡。

　　这条道路上述较为晚近的转移是值得注意的，因为它有助于揭示与更大范围的地理及文物研究相关的自然变化。我指的是已往做过许多讨论的所谓历史时期干旱化的问题，主要是指它对塔里木盆地的影响。关于这个问题，我在最近的一篇文章中作过比较详细的探究，指出现有与此相关的考古资料所表明的两个主要事实之间明显存在的矛盾，可以从下述假设得到完满的解决，即这片沿河道流入亚洲腹地的无泄洪系统的大盆地的水量已逐渐减少（可能是由于为这些河流供水的高山冰川自最后一次冰期以来其积冰愈来愈少），而导致极度干旱化的盆地本身气候条件在我们的历史、文物资料所属的这两千多年中并未发生显著的变化。由于没有可靠的直接记载，难以断定流入巴楚以东喀什噶尔河三角洲的夏季洪水量的减少，以及原先卑湿地区泄水能力的相应提高，会在多大程度上为麻扎塔格与乌库尔麻扎塔格之间耕种面积的扩大提供了方便。不过我认为我们可以有把握地指出，这里自然条件发生变化的近代表现，这种变化使以拉勒塔格、穷梯木及其附近遗址为标志的地带自唐代以来完全无水，于是大路从阿克苏开始只好往南转移到现今的路线。

　　各种各样的地形特征表明，巴楚一带历来条件优越，有利于喀什噶尔河畔尾间绿洲的形成。我只需提一下下面这个优势，即绵延的山岭在这里穿过河流的泄水线，构成一种天然的拦河坝，而叶尔羌河的河道又离此较近，于是形成灌溉之利。如今巴楚的灌溉已有可能在很大程度上得到叶尔羌河河水的补充。输送河水的扎依渠代替了插入大湖一般的阿纳尔库勒和科勒迭两个水库的老河床。巴楚的位置想必也是历来具有重要意义，因为它是从阿克苏通到喀什噶尔和莎车的两条路线最合适的分岔点。因此，在迄今所见的中国史书译本中，竟然找不到对巴楚的明确记载，这的确使人难以理解。沙畹先生曾提出巴楚就是《唐书·高仙芝传》所载高氏从库车向帕米尔进发时经过的握瑟德，理由是这个地点离拨换即阿克苏有 10 天行程之遥，与疏勒即喀什噶尔也是这个距离。《唐书》在记述从拨换至疏勒的路线时也没有明确提到巴楚。所以我暂且不谈这个问题，待说完我们在前往喀什噶尔的大路沿线所作的仓促调查之后，再回过来分析这则记载，或许能从另一个角度搜集到有关资料。

第三节　唐代对阿克苏至喀什噶尔的道里记

　　经过五天头顶烈日的长途跋涉，我从巴楚走到了喀什噶尔的新城（即疏勒——译者）附近，头三天走的路大部分靠近喀什噶尔河的现今主河床。这条路是两地之间的最短路线，但考古学和其他方面都没有证据表明这是古代的交通线。蜿蜒于冲积平原的河道反反复复的变化，以及夏季洪水的泛滥必然造成的困难，都表明古时的路线估可站与龙口站之间保持在将近60英里的距离内，现代道路在喀什噶尔河左岸，但从前却与现在的其他路段一样，都是经过喀什噶尔河的南面，直到亚库卜伯克统治时期结束之后过了很久才发生变化。这个说法的证据是这一段道路沿线我们所经过的一块块相隔不远的农田，明显地呈现出新垦土地的面貌。据说这些垦殖区中最大的奥德克里克约有150户居民，但它的历史也只有30年左右。同塔里木盆地平原上那些较低的河道沿线的情形一样，这里的耕种也是严重受制于河床之变化无定和接踵而来的渠头之难以保持。这一点在几个地点都能找到证据，那些地点的田地种植不过几年，就因河床变更、无法灌溉而只好荒弃。

我们在龙口渡过喀什噶尔河窄而深的河床，转到右岸。这里的土地也是一片荒凉景象，直到英阿巴德我们才看到喀什噶尔常年耕地的东端。茂盛的果园和高大的白杨树林由此往前伸展，表明这里长期以来人烟不断，这是意料之中的，因为它的位置恰在一条大河从山里流出不远之后形成的冲积扇上，有充足的灌溉水源。在一个格外清新的早晨，我们从龙口向法依孜阿巴德进发，眼前的壮丽景色，使我深切地感受到，群山离此不远，山上冰雪丰盈，这果然使山下绿洲气候湿润，宜于生活。冰川覆盖的巍峨山脊已历历在目：它把塔里木盆地与帕米尔高原两相分开，向南则从慕士塔格阿塔圆丘伸展到喀什噶尔河的源头。这仿佛是一个直观的实证，表明我在亚洲腹地周游这个广阔盆地的长途旅行如今行将结束。在法依孜阿巴德，我得到官方的友好接待并停留一宿，这是塔里木盆地内我需要访问的几个区政府所在地中最后的一个。5月30日，我从这里策马登程，前行约32英里，所过之处，大部分是精耕细作的农田；次日早晨又沿河走了一小段路程，一路上但见果园夹岸，绵延不断。至此，我终于又回到了殷勤好客的其尼巴格寓所——英国驻喀什噶尔总领事馆，我的新疆之行的总基地。

在简要地概述了从阿克苏到喀什噶尔基本上沿大路而行的过程之后，现在我们可以回过来谈谈我唯一能查到的有关这两地之间交通线的早期记述。这条路线是从《唐书》的一则道里记中得知的，对此沙畹先生曾附带提及，吉列斯先生为我提供了译文。它的走向是：

自拨换、碎叶西南渡浑河，百八十里有济浊馆，故和平铺也。又经故达幹城，百二十里至谒者馆。又六十里至据史德城，龟兹境也，一曰郁头州，在赤河北岸孤石山。渡赤河，经岐山，三百四十里至葭芦馆。又经达漫城，百四十里至疏勒镇，南北西三面皆有山，城在水中。（《新唐书》卷四三下——译者）

　　这条路线的起点和终点是明确的。拨换无疑就是现今的阿克苏，疏勒即今喀什噶尔；而所谓碎叶镇，如前文明示，当在今托克马克附近，沙畹先生认为恐系错误的插入。同样毫无疑问，这则道里记所描述的路线，总的方向与现今的大路是一致的，因为它与现今的大道一样，开始时也是取西南方向，这在头一个地点上说得准确无误，至于第二个地点，唯一可以作为另一条路线来考虑的是，先往西走到乌什，再沿托什干河上行，走山路经过喀拉卓勒和苏衮，然后经由喀勒塔亚依拉克等地抵达喀什噶尔，这条路线的开头部分在《唐书》的靠前一段文字中另有记载。出发后渡过的浑河，可以肯定就是合流后的阿克苏河，因为《唐书》的同一篇文字中另有两段话对此有明确交代，提到这条河的全称为思浑河，并正确地指明它的位置在拨换即阿克苏及其河流（今库木阿里克河）以南。

　　然而在通往巴楚的路线上，刚离开这个无可置疑的起点，我们就遇上这则道里记中相继提到的地点无法考定的问题。这些地点没有一个能在通过我能读到的其他中国文献译本中找到，关于各点之间相距里程的记注也很难令人置信。从其总计距离840里来说，很难把它们同我们沿现代大路前进的每日行程所显示的阿克苏距喀什噶尔约301英里的实际距离对应起来。此外，同5里合1英里的比率也不一致，这个比率在有关塔里木盆地及其附近的其他汉文道里记中均有证据可寻，它们表明唐代的道路计程所采用的正是这种量制。同时，我们不能肯定各段距离均已列述无遗，因为这则道里记中至少有两个地点只有地名而无里程。由于这些原因，下面几个地点的位置，从一般的地形学分析看来，我感到应当视为在一定程度上带有推测性质。

我认为济浊馆当在其兰附近，因为其兰历来是这条道路的必经之地，而且从其用水能有保证看来，应是这段穿越干燥沙漠的路线上一个重要的歇脚地。过了济浊馆，说是有达干古城，可见此地当时即已荒弃而归入沙漠。所记至下一站谒者馆有120里的距离，以及"馆"字见于这个地名之中，似乎是指较为直接的古代路线所经过的穷梯木遗址。如果这个定位正确无误，则60里外的"据史德城"很有可能就在拉勒塔格遗址的西南面，那里的"塔提"遗迹表明从前此处曾有一个有一定规模的聚落。所记道里与这个定位相符合，因为上面提到的两个遗址之间的直线距离，恰为其兰与穷梯木相距里程的一半。但把据史德说成"库车（即龟兹）边境线上的"地点则令人困惑莫解。很难相信龟兹的地域会向西伸得那么远，也很难设想文中这样记述是特意要指明据史德是一座边城。因为在这种道里记中通常的做法都是每说到一个新的地域，就要提到它的头一个地点，但不提刚刚说过的地域的最后一个地点。如果记述有讹，则似可推测龟兹或为佉沙之误，后者是玄奘和《唐书》记载的对喀什噶尔土称的译名。

唐代的这则道里记接着说到的"郁头洲在赤河北岸孤石山"，当系指巴楚以东和东北的山地附近。我认为它很可能是指吐木休克西北的大遗址，包括石头山梁却勒塔格南端的大型佛寺遗迹、一座古代院落和大量住房。在这条山梁与南面较小的吐木休克山之间，有一条干涸的河床穿过大峡谷，然后延伸到戈拉阿金等地，古时它无疑是喀什噶尔河的一条尾闾支流。从这条古代路线当系经过巴楚及其东面孤立山峦这个总体走向看来，我以为所记"赤河"恐怕就是指喀什噶尔河。如今喀什噶尔河的主要支流（流经喀什噶尔老城南面）和整个上游也还是用同样含义的名称，即克孜勒苏河。

关于这条古代路线，我们还有一则明确的地形资料，说它"渡赤河，经岐山"。我认为岐山可以肯定就是麻扎塔格，它是这个地区的冲积平原上最高最令人注目的山岭。崎岖的山体高出巴楚绿洲2 500英尺，山巅是两座容易分辨的顶峰，从我们的测角器上可以看出它们的高度分别为6 330英尺和5 910英尺，来往行人还在远处就为之瞩目。这则唐代道里记中记载的山名，也是因此而得，因为"岐"字意即"双峰"。大路如今从麻扎塔格西南山脚的旁边经过，而且我认为古时很可能也是这样。因为这一带地势偏高，来往客商要穿过一片夏季容易遭洪水泛滥，以致骆驼、马车有时也难以通行的地方，想必要从这里择路经过。古往今来，走这条路都得先渡过麻扎塔格北面的"赤河"即喀什噶尔河。

既然渡河而行并不新鲜，我们当可推测，从巴楚一带通到喀什噶尔的道路一直保持在河的南面。上面说过，事实上直到晚近也还是这样。道里记中说的由此前行340里可达葭芦馆，表明从巴楚一带到喀什噶尔，所经之地同现在一样，并无重要聚落。葭芦馆的位置无从确定。大致上我倾向于把它定在费扎巴德附近，这是喀什噶尔外围如今连续不断的农田的起点。无论是从麻扎塔格山麓或从阿热其附近遗址算起为340里的距离，还是此后再行140里即达疏勒镇的计程，都与这个定位相符合。至于途中所经的"达漫城"，我无法提出任何意见。不过值得注意的是达漫乃是公元7世纪初在位、《唐书》中反复提及的西突厥可汗即最高首领的名字。

最后，我可以指出，如果你曾在某个晴朗的日子里眺望耀眼的雪山，欣赏它从远方的萨里库勒湖上伸延到北方的"天山"那壮丽的全景，那么你就会感到，关于疏勒即喀什噶尔"南北西三面皆有山"的描写，是多么富于魅力。

第五章

穿越帕米尔

第一节　在喀什噶尔做准备

我是在5月31日早晨到达喀什噶尔的。这使我及时回到了大本营，能够得到帕西·塞克斯爵士的友好协助和官方的帮助。塞克斯爵士已经升任为陆军准将，暂时取代马继业先生做大英帝国的总领事，他一个星期后就要到俄属帕米尔地区打猎去了。尽管这位杰出的军人政治家和旅行家不久就离开了我，但他为我的住宿做了很好的安排。他还为我提供了种种便利，大大减轻了我的繁重工作。为了完成这些工作，我在其尼巴格一直待到了7月初。

工作中最让人头疼也耗时最长的，就是把我收集到的文物小心地重新装箱，以便将它们经过喀喇昆仑再经拉达克运到克什尔去。那段路是漫长而难走的。我们要把所有文物都收集在一起，再仔细地分类、装箱（许多文物都是极不结实的）。足足五个星期的时间里，我和我的助手们一直忙于这项工作。主要是得益于我们此时的精心细致，182个铁皮箱中的东西经过800英里的长途跋涉，穿过高山，越过结着冰的山口，驮在骆驼、牦牛和马的背上，终于安全地运抵了克什米尔。幸运的是，很快就有人来帮助我了。这要归功于我的老朋友汗萨西伯·巴德鲁丁汗，他是和田的印度商人的"阿克萨喀勒"，他又一次急急地赶来，帮了我的忙。在他自己的地盘上时，他也总是这样高效的。同样令我高兴的是，我前一次旅行的忠实伙伴蒋师爷，仍像以前一样急于凭他的学识来解读和抄写我在考察过程中发现的汉文文书。我想，当这些文书在马伯乐先生的努力下得以出版后，人们就会充分意识到我这位博学而令人痛悼的朋友的价值。

在炎热的6月的一大堆工作中，最占据我的脑海的莫过于为将来的旅行作安排。我打算穿过俄属帕米尔，然后越过阿姆河以北的山岭和谷地。这是我一项酝酿已久的计划。多少年来，我都热切地注意着伊朗那个最东的地区，以及俯瞰着它的那部分"世界屋脊"。我最初的探险方案是在1913年向印度政府提交的。我说希望俄帝国政府能允许我从喀什噶尔出发，沿古代丝绸之路的可能路线，穿过阿赖谷地，再沿着喀拉特金谷地走，走到波斯的东北部和锡斯坦，并到达穿越里海地区的大铁路去。我希望一旦到了那片地面后，俄国当局能允许我继续向南，朝阿姆河的上游考察。但我知道，以前还没有哪位英国旅行家被允许到那些地方去过，所以我也没有把它们专门列在我的计划里。

在回到喀什噶尔的前一年当我还在甘肃的时候，我曾要求印度政府外交部给我弄到俄国政府的许可，以便让我在俄属突厥斯坦旅行。1915 年 4 月 14 日，我从印度外交部得知，通过英国驻彼得格勒大使馆的活动，我已经得到了许可。但在到达喀什噶尔的时候，我发现俄国总领事梅斯切尔斯基公爵并不知道这件事。6 月的第三个星期，他直接打电报给俄国驻英国大使，才得到指令说允许我进入俄国领土，但并没有说我应该走哪条道。幸运的是，梅斯切尔斯基公爵是位开明的官员，很愿意给我的科学工作提供帮助。6 月末，我从乔治·布坎南爵士那里收到一封电报，说俄国外交部已经同意了我的旅行。于是梅斯切尔斯基公爵就专门发给我一张许可证，允许我考察帕米尔和阿姆河上游地区。而且，他还极为善意地把我推荐给负责那一地区的各个俄国官员。后来证明，他的推荐是极为有用的。为此，我在这里要对梅斯切尔斯基公爵表示极为诚挚的谢意。

在喀什噶尔停留期间，我的两个测量员都与我会合了（我在库尔勒把他们分别派出去）。拉尔·辛格在季节和交通条件允许的情况下，尽量靠近天山主脉用平板仪进行测量工作。从阿克苏往前，我为他安排了一条新路线，这样他走过的地方就是完全没人考察过的。他穿过了小绿洲柯坪东西两侧极为干旱的天山的外围部分。两周后，穆罕默德·亚库卜也安全到达了。在两个多月的艰苦行程中，他把测量工作从孔雀河附近一直沿塔里木河左岸做到了莎车上游。炎热的天气再加上春天的河水泛滥，使得他们在河边地带走起来很困难，所以跟他来的我们那些骆驼都受了不少苦。尽管这些骆驼在将近两年的大部分时间里都在沙漠中工作，承受了很多困难，但我后来仍在莎车将它们遣返了，几乎没有给印度政府造成什么损失。

　　我做好了一切安排，以便那80只骆驼驮的沉重文物能安全运到印度去。之后，我终于能在7月1日离开喀什噶尔了。我本是把这些文物都托付给拉尔·辛格押运的。但由于冰川融化，昆仑山的谷地正在夏季泛滥时节，这些文物还暂时不能离开喀什噶尔到喀喇昆仑山口去。于是我让拉尔·辛格和我同时出发，考察一下

图33　蒋师爷与我告别

那条积雪的高山山脉，它从慕士塔格阿塔一直延伸到阿赖谷地东南的喀什噶尔河的源头。在到乌帕尔小绿洲之前，我们的路线是一样的。在去乌帕尔的路上，过了喀什噶尔郊区几英里后，忠诚的蒋师爷（图33）正等在路边，准备以中国人的传统方式同我告别。我和他都希望我们能在他的湖南老家或在克什米尔再次见面，但命运却没有给我们这样的机会。1922年春天，在亚洲曾帮助过我的这位最好的学者，在喀什噶尔任职的时候去世了。

拉尔·辛格从乌帕尔往西走，来到了克孜勒河（即喀什噶尔河）的源头。然后他绕过前面说的那个雪山的最北端，来到了雪山西边的帕米尔一般的木吉大谷地。大谷地边上就是与俄属帕米尔地区的郎库里和喀拉湖的分水岭。他沿这个谷地往下走，他的测量工作就和我在1900年第一次探险的时候从慕士塔格阿塔方向进行的考察连接了起来。然后他穿过乌勒伽特山口，和我在波斯坦阿尔其会合。波斯坦阿尔其位于那条山脉上一座醒目的大雪峰东北的一条高谷地中。

波斯坦阿尔其有一座覆盖着冷杉的海拔超过10 000英尺的小山[1]，俯瞰着吉尔吉斯人最钟爱的营地（图34、35），那里特别凉爽、

1　我们在索纳普附近到达罗申谷地头部之前，除了在下游的尧勒其莫依那克见到了胡杨树，并在达劳特库尔干见到了一些白杨，波斯坦阿尔其的针叶林是我们见到的最后的树。在这个高谷地以及北边同一山脉的其他谷地中之所以会有针叶林，显然是天山湿润气候的影响。在这里，这条南北走向的山脉接近了天山。

图34　波斯坦阿奇
上方的谷地

幽静。我在那里过了10天，伏案撰写考察报告、描述文字以及关
于文物收集的计划等。我在那里还做出了最后的安排。就是在这
样的安排下，10月中旬，我的那么多文物才在拉尔·辛格的押运
下，安全地到达了在斯利那加的临时寄存所。和他一块完成这项
任务的还有奈克·夏姆苏丁和测量员穆罕默德·亚库卜，他们把收

图35　沿着波斯坦阿奇谷地朝上看到的纵向山脉的查克拉克尔段（前景中的人是阿弗拉兹·吉尔）

集品一直押运到印度。于是，拉尔·辛格沿着车马道穿过英达坂时，以及在叶尔羌河最上游直至喀喇昆仑山口的印度边界，都进行了有益的地形学工作，补充了我们以前的考察资料。现在，留在我身边的助手只有阿弗拉兹·古尔了。我知道，即便在俄国土地上无法进行地形学和挖掘工作，他对我来说仍是特别有用的。

第二节　沿着阿赖谷地走

7月19日，经过了几个星期的案头工作后，我带着一种重获自由的感觉从波斯坦阿尔其出发，朝我们面前矗立的高山和高山外的帕米尔走。一想到过了帕米尔后就可以一路畅通地到阿姆河北边的那些山区去，我就感到极大的鼓舞。那个地区的很多地理状况及其在人种学和历史学上的角色，从我年轻时起就吸引着我。我们先沿着从乌勒伽特山口下来的主山谷走，第二天我们就越过了这个海拔16 600英尺的高高的山口。我们走了很陡的一段路后，才来到了那个窄窄的山口。云偶尔散开的时候，我们眼前的景象十分壮阔。宽阔的木吉谷地展现在我们面前，谷地北边就是我们脚下的这条积雪的山脉，南面是帕米尔朝东伸出的大分支。一座高山上悬挂着一条约10英里长的巨大的冰川，冰川朝南延伸。我们在山口可以望到冰川的中游和下游部分。

我们下到了冰川陡折向西的地方。那段路特别陡，驮东西的牲畜是过不去的。再往下冰川边和冰川北面的山脚之间几乎没有缺口，一直都很难走的小道只好依次登上那些山，贴近垂下来的小冰川（小冰川将山分隔开来）。谷地南面也有美丽的瀑布般的冰川。后来，我们终于来到了俯瞰着谷底冰川口的高原，高原上是比较好走的。我们已经越过了古代的"伊毛斯"大山，托勒密说的"内""外"斯基泰就是由此划分的，无怪乎这个地方给人的印象是如此之深。在撒拉特经过了吉尔吉斯人的一个营地后，我们来到了木吉下游的主谷地，当晚到达了昆提格马孜。这一天我们步行加骑马共走了33英里。在昆提格马孜我遇到了帕西·塞克斯爵士。他带着他的妹妹——杰出的旅行家和作家爱拉·塞克斯小姐，正要从帕米尔回到喀什噶尔去。在与他一天的团聚时间里，我再次得益于他关于呼罗珊和锡斯坦的专门知识。锡斯坦这个目的地目前离我仍是很遥远的。

7月22日早晨，帕西爵士和塞克斯小姐朝乌勒伽特出发了。我则朝西北走，以便到阿赖谷地去。我沿着宽阔的木吉和吉亚克巴什谷地往上走，吉兹河最北边的那条支流就在这个谷地中。从那条南北走向的大山脉的最北端，伸下来一条巨大的光秃秃的砾石缓坡。同砾石缓坡相比，谷地中间长着草的地带显得特别狭小，当时大约30户吉尔吉斯人正在那里放牧。第二天，过了海拔约13 800英尺的阔什拜勒山口后，我第一次望到了高峻的外阿尔泰山。它东西走向，有的高峰超过20 000英尺，在它底下一条深谷里，是克孜勒苏河即喀什噶尔河的主要补给来源。当我们朝那里走时看到了很多古代冰川的遗迹，如侧谷库鲁木鲁克和库木拜勒之间的光秃秃高原上的古代冰碛和冰斗。

我们在库木拜勒谷地中扎了营。7月24日早晨，我们越过了库木拜勒山口（海拔约13 600英尺）。接着，我们在极陡的山坡上垂直下降了约3 000英尺，来到了克孜勒阿特河（即买尔干苏）的河床边。这条河出自考夫曼山的东南坡。从长度来看，它应该算是喀什噶尔河的正源。那一天以及第二天，我们都是沿河边走的。河两边伸下来的陡山，迫使我们不时越过一块又一块窄台地，但这不是什么难事。有一条支流从北边的高山卡尼什哈坦下来，注入了买尔干苏。在注入口的下游，我们经过了一个圆锥形石堆，显然标志着俄国的边界到了。过了边界后，谷地在有些地方拓宽成了小盆地，如今盆地是干涸的，但以前那里曾是些小湖。我们经过的最后一个盆地叫克孜勒库里，它伸展了约有4英里宽，南边山坡上比盆地高约200英尺的地方可以看到早期的湖岸线。7月25日晚上，我们就扎营在这条古湖床边。夜间刮起了暴风雪，早晨5点时气温下降到了冰点以下。

那天早晨，我们沿着缓缓抬升的高原轻松地往上走，走了约11英里就到了海拔约14 000英尺的克孜勒阿尔特山口，从俄属帕米尔及其主要谷地舒格楠来的车辆就是从那里越过了阿赖谷地。我们逆着这条到阿赖去的直道走，来到了歇息地博尔多巴（西突厥斯坦人把它念成了伯尔托帕）。我们从吉亚克巴什出发后一直到博尔多巴共走了将近100英里的路，途中没有遇到任何过路人或是帐篷。我在博尔多巴见到了和蔼的俄国海关官员赞伯因先生，他刚从费尔干纳—喀什噶尔那条主道上的伊尔凯什塔木赶来。他给我带来了一个好消息：负责帕米尔地区军事和政治事务的加盖罗上校要从他的总部赶到塔什干去，明天他将到达这里。我们在博尔多巴休整了一天，这样就提前和加盖罗上校见面了。这是一件幸事，因为我以后的经历证明，即便在兴都库什边界的印度这一侧，给我作的安排也不会比加盖罗上校在帕米尔以及他管辖下的瓦罕、舒格楠和罗申作的安排更全面、更有效的了。主要是在加盖罗上校充满预见性的善意帮助下，我这才在相当短的时间里没有浪费一天的时间走过了很多地方，其范围比我原来计划的要大得多。我将永远感激他、记住他的善意，以及我从他和他的助手（帕米尔地区的几个俄国地点的官员）那里得到的帮助。

　　我从一开始就计划穿过帕米尔，到与帕米尔相邻的俄属阿姆河地区去考察。这样做的一个最主要原因，就是希望实地研究一下和古道有关的历史地理学问题（中国和西亚的最早交往就是通过那些道路进行的）。因此，当我7月28日沿着大阿赖谷地往下走时，心里十分兴奋。我1901年6月从第一次中亚之行归来的时候，途中只在伊尔凯什塔木上方的陶恩木伦鞍部和塔勒迪克山口脚下之间，看到了这条谷地的头部。这条宽阔的天然大谷地延伸在高高的帕米尔的北边。它东西走向，在喀拉特金以下，肥沃的克孜勒苏河谷和阿赖谷地连在了一起。从地形因素、气候条件和当地资源来看我们都可以断定，中国古代的丝绸商人就是沿着这条大谷地到阿姆河中游地区的。托勒密有一段经典的记载被人们反复讨论过，他说，蒂尔（黎巴嫩西南部城市，古代曾是腓尼基一个奴隶制城邦——译者）的马里纳斯说起过，马其顿的麦斯手下的商人从巴克特拉出发是如何到丝国——中国去的。但在讨论这段记载之前，我先简单说一下我沿着阿赖谷地一直走到达劳特库尔干的途中都看到了什么现象。

　　出于对各种实际问题的考虑，我认为应该与俄国的那位海关官员赞伯因先生保持联系，他也要去达劳特库尔干。因此，我在沿着阿赖谷地往下走时，比我计划中的速度要快。我们7月28日早晨从博尔多巴动身的时候，看到了外阿尔泰山的最高的部分（图36）。这段山脉朝克孜勒阿尔特西边延伸，大概也包括约23 000

图36　从博尔多巴看到的外阿尔泰山全景

英尺的考夫曼山。而那一天的全天，薄薄的云一直遮住了大山脉的高峰。看来我们能看到外阿尔泰山还是很幸运的。我们先沿着一条宽阔的名叫加乃达尔萨依的水道往下走，越过了长着草的高原。然后，我们又越过了克孜勒艾肯河（是冰川融水补给的），它显然是从考夫曼山的东北坡下来的。在离出发点22英里的地方，我们来到了克孜勒苏的南岸，对面就是从外阿尔泰山上下来的金提克谷地。

克孜勒苏河流在一条宽宽的河床中，有很多交织的支流，河边是丰茂的牧草。我们前后经过的高原上的牧草也很丰富。第二天，我们在离博尔多巴足足70英里时，才走到了达劳特库尔干。

这两天里我们没有遇到一个吉尔吉斯人的帐篷。当地有人告诉我，之所以这样，是因为过着真正游牧生活的吉尔吉斯人赶着大群的羊从费尔干纳朝上走以便度过夏天，他们的半游牧的同胞们则生活在谷地下游。这两种人都更愿意到大谷地两侧高高的侧谷去，因为在夏天最热的几个月里，那里有高山的冰雪融水，水源更充足。他们打算以后再到大谷底部来放牧。到达劳特库尔干之前，我们在萨克亚小麻扎来到了谷地的主路上，主路一直是沿着北边的山脉脚下延伸的。这无疑是为了避开河边的沼泽地带，春天时那一地带非常难走。我们沿这条小道一直走到天黑之后很久，才到达小河牙满科尔沁的注入克孜勒苏的地方。那里海拔9 000英

图37 从牙满科尔沁营地城过阿赖谷地望到的外阿尔泰山

尺，在高处放牧的吉尔吉斯人已经扎好了毡帐来接待我们。图37
拍摄的是我们第二天早晨越过宽阔的谷地看到的外阿尔泰山。

刚从营地出发后不久，我就注意到了旧农田的迹象。很快我
们就遇到了燕麦田，燕麦田分几层延伸在山间的低凹处。后来在

类似的位置上我们又多次遇到了农田，还看到了一些围墙，那是
冬天的时候设毡帐和给羊群栖身的地方。过了长满灌木的卡乌克
萨依后，路离石岭都很近。在克孜勒艾西买吉勒伽的谷口，我们
发现农田之间有零星的泥屋子，说明那里是永久性居民点。在那

里我们还看到了一圈围墙遗址，人们把它叫作老库尔干。在它西北方1弗隆远的地方还有一座圆形小丘，最近被人挖过，西边不远的地方还有一些坟墓和半被毁掉的拱拜孜。人们说那些坟墓都是很古老的，吉尔吉斯人不知道它们的由来。

这一天我们走了约24英里后，路开始穿过很多小丘。小丘分布在河北岸宽阔的平原上，平原部分地方开垦过。这些小丘大小不一，最大的直径有20码，似乎本是用未砍削过的石头砌成的建筑，如今已经完全坍毁了。它们的性质和位置表明，这个地方曾有一个比上游分散的吉尔吉斯小屋更重要的居民点。从这里我们就可以望到达劳特库尔干的梯田和分散的用石头砌成的民居了。又走了3英里后，我们就来到了达劳特库尔干古堡。现在那里设了一个俄国警戒哨，因为在那里有一条风景如画的峡谷汇入了阿赖谷地，峡谷从阿赖谷地一直延伸到唐吉斯巴依口子。有一条到马尔吉兰和费尔干纳其他地方去的直路就越过了那个口子，那条路常有人走。

古代丝绸之路上著名的石塔很可能就在达劳特库尔干附近，我们最好联系着托勒密对石塔的描述来讨论这个问题。但在此之前，让我简单总结一下阿赖谷地的自然特点，就是这些特点使它仿佛是一条走廊，联系着阿姆河中游地区和塔里木盆地。从伊尔凯什塔木上方的陶恩木伦口子，一直到达劳特库尔干下游的喀拉木克，在这段接近90英里的距离内，谷地中都没有特别窄的地方。从博尔多巴和塔勒迪克口子之间的那条道穿越谷地的那一点，一直到达劳特库尔干以下，谷地底部的宽度都不少于6英里，有的地方甚至有11英里或12英里宽。从整体自然状况来讲，这真可以算作是个帕米尔，但这里的气候条件却和帕米尔明显不同。之所以有这种差别，一方面是因为这里没有帕米尔那么高，另一方面是它的地理位置决定的。阿赖谷地的平均海拔比那些公认的帕米尔要低得多，达劳特库尔干有8 000英尺，到陶恩木伦山口也不到11 200英尺。而阿赖谷地的降雪比帕米尔要多得多（极端干旱是帕米尔的一个显著特征），其结果是，阿赖谷地的草原植被比帕米尔要茂盛得多。同时，它又不像帕米尔高高的谷地那样全年都能放牧，因为从11月一直到次年5月初，阿赖谷地上游都有厚厚的积雪，牛羊群是无法找到食物的。

这样我们就可以解释两个有趣的现象。谷地上游是从费尔干纳平原来的过着真正游牧生活的喀拉吉尔吉斯人，他们一年只能在那里待四个月的时间。而谷地下游的气候条件决定了那里有永久性居民，他们过着半定居、半游牧的生活。从海拔9 000英尺的地方往下，我们遇到的农田都是吉尔吉斯人耕种的。他们夏天的时候在较高的侧谷中放牧牛羊，秋天下到主谷地中来，冬天时则靠储存起来的牧草来喂养牛羊。即便在冬天也是可以从事一些放牧活动的，因为主谷地中刮的大风有时会把陡坡上的雪吹掉。一直朝上到牙满科尔沁燕麦都能成熟，从达劳特库尔干往下就可以种小麦了，而且大部分地方都不需要灌溉。

阿赖谷地之所以被用作一条交通线，显然和以上简述的这些情况不无关系。驼队喜欢有牧草丰茂的地方，从喀什噶尔干旱山谷中来的驼队更是如此。同样重要的是，在海拔约9 000英尺以下的谷地两侧都有永久性居民点，居民点可以为过往的人提供住处和一些当地物资。伊尔凯什塔木也有一点农田，而且它上游一个叫诺拉宁索瓦的地方（位于去陶恩木伦的路上）也有农田。这样，在阿赖谷地上没有居民点的地区就被减少到了不足70英里，即三天就能轻松走过的路程。一年中有八九个月的时间，驮东西的牲畜（包括骆驼）都可以通行。12月到次年2月的时间里，据说厚厚的积雪封闭了道路。但如果有足够的往来能在雪上踩出一条道，就像从伊尔凯什塔木穿过海拔12 700英尺的铁热克口子的那条路一样，交通工具也是可以过去的。喀什噶尔和阿姆河流域之间的交通以前曾穿过喀拉特金和阿赖谷地，现在这些交通已经不复存在了。如今，从阿姆河方面到了喀拉特金的商人，一般是经过费尔干纳地区的马尔吉兰或安集延到喀什噶尔去的。而从喀什噶尔来的人只在4月或5月时路过了阿赖谷地的东段，那时积雪使人们无法穿越到费尔干纳和那里的铁路去的铁热克口子。

但在公元前后的几个世纪里，巴克特拉是中国与波斯及地中海地区那条大丝绸之路上的主要商业中心。所有的地理因素，都使丝绸之路从喀什噶尔进入阿赖谷地，然后沿着克孜勒苏（或苏尔赫）朝阿姆河走。这条道的优越性在于，它在最低的地方越过了塔里木盆地和阿姆河之间的分水岭。而且，它延伸到喀拉特金的部分也全然没有自然条件上的困难之处。就是因为存在这类困难，在南边的帕米尔谷地就不适合做交通的大动脉了。根据我在达劳特库尔干及后来经过喀拉特金时收集到的信息，克孜勒苏北岸边或北岸附近的路，一直到阿布依伽尔木，驮东西的马和骆驼都是可以全年通行的。从阿布依伽尔木，同样好走的道路越过希萨尔山，并在巴尔赫以北到达阿姆河边。

以上的地形学事实完全支持下面这个结论：从巴克特拉到丝国（中国）首都的道路，经过了喀拉特金和阿赖谷地。这个结论最先是由亨利·尤尔爵士提出的。马里纳斯叙述的那条古道的信息，是从"麦斯"手下的商人那里听说的，"麦斯是个马其顿人，也叫提提亚努斯，他家世代都是商人"。托勒密在他的文字中保存了这段关于公元1世纪同中国的丝绸贸易的极为有趣的记载，学者们曾反复讨论过这段话。但就托勒密的文字看，过了巴克特拉之后的某些地点是模糊不清的，而且可能永远如此。这大概是因为没有找到麦斯或马里纳斯的原文的缘故。我们就没必要叙述学者们讨论的结果了。托勒密提到了丝绸之路上的"山国须密驮"，这使我们确信丝绸之路经过了喀拉特金。我以前曾说过，"亨利·尤尔爵士经过一系列缜密的论证，认定喀拉特金可能就是须密驮的位置"。之所以这样说，一方面是因为玄奘将喀拉特金地区称作拘谜驮，另一方面是因为阿拉伯地理学家也将这里称作库密多。

在这里，我们首先看一下托勒密记载的麦斯手下的商人走过的两个地点，这两个地点在喀拉特金的东边。托勒密告诉我们，这位商人从安提奥齐亚·马吉亚那（即麦尔夫）出发，"路朝东延伸，到了巴克特拉，然后折向北，朝须密驮山上走。过了这些山后，路朝南延伸，一直到大谷地与平原相连的地方"。他说，山区北部和他们开始登山的西部在拜占庭的纬度以下，南部和东部在达达尼尔海峡的纬度以下。所以他说，路朝两个相反的方向都拐了个长度相等的弯。在朝东伸展的过程中，路朝南弯，之后又朝北弯了约50石瓦尼，这才到达了石塔。用他自己的话说："当旅行者朝谷地上方走时，他就来到了石塔。过了石塔后，朝东伸展的山与从帕里姆波特拉朝北伸展的伊毛斯山连在了一起。"

　　这里的道路方向发生了复杂的变化，我还无法完全解决这些变化中的疑点。但我应指出几点明白无误的地形学事实。要想从巴尔赫出发经喀拉特金到阿赖谷地来，最直接也最好走的路线，就是在捷尔梅兹附近穿过阿姆河后，沿着苏尔汉河宽阔的河谷走，经过代赫诺乌和里加，到达希萨尔地区的喀拉塔格山，然后经过法依孜阿巴德，走到阿布依伽尔木下游的克孜勒苏。在喀拉塔格之前，这条路线都是朝北—北东方向延伸的，到法依孜阿巴德之前是朝东偏南延伸。从法依孜阿巴德往前，朝喀拉特金去的路大致是朝北东延伸的。喀拉塔格到法依孜阿巴德有60英里远，这一路段是稍微偏南的。而从巴尔赫到喀拉塔格的南—南西到北—北东走向的路段有160英里。显然，这并不是"朝相反方向拐了两个长度相等的弯"。但我不知道在以上地点之间还有什么更接近这个方向的路了。

　　那段文字中说的与"平原连接的大谷地"，我想很可能是喀拉特金主谷地，它比阿赖主谷地要窄些。在上游的喀拉木克和阿布依伽尔木下游，河流使谷地中有不少比较窄的地方。我从相反的方向沿着上面说的那条路走，并从阿布依伽尔木走到法依孜阿巴德上方长着草的丘陵地带时，我的确觉得自己好像来到了"平原地带"。马里诺斯自己说，"当旅行者朝谷地上方走时，他就来到了石塔（λίθινος πύργος）"。这显然把我们带到了达劳特库尔干附近。在那里，克孜勒苏的峡谷终于被从西方来的旅行者抛在身后了，他终于进入了阿赖谷地。紧接着，马里诺斯的话就证实了我们的判断："朝东伸展的山与从帕里姆波特拉朝北伸展的伊毛斯山连在了一起。"帕里姆波特拉就是现在的巴特纳（Patna，印度东北部城市——译者）。很久以前人们就注意到，所谓的伊毛斯，就是帕米尔东边的慕士塔格阿塔和它朝北延伸的部分。这样，朝东伸展并与伊毛斯连在一起的山，指的就是阿赖山。

马里诺斯关于古代到中国的丝绸之路的那段话（由托勒密转述）中，还有一段话值得一提："在伊毛斯山上有个商人的站点ὁρμητήριον，商人们就从那里动身到中国去。"这段文字出现在托勒密书的第 VI.xiii.I 部分。那里说的是过着游牧生活的萨凯人居住区的东部边界，其中还包括须密驮山区和石塔。从前面引用的马里诺斯的话来看，这个到中国去的商人的站点在石塔的正东方向。再加上站点位于伊毛斯山上，这样看来，站点很可能就在从喀拉特金沿须密驮谷地来的道路穿过分水岭到塔里木盆地的那个地方附近。李希霍芬男爵就正确地指出了这一点。我同意李希霍芬男爵的看法，即离陶恩木伦分水岭约16英里的伊尔凯什塔木，也就是现在俄国边界和海关的所在地，有可能就是马里诺斯所说的商人的站点。李希霍芬男爵正确地注意到，有一个事实是支持这一判断的：在伊尔凯什塔木，从阿赖谷地来的道路与另一条道路会合了。后一条路现在有不少人走，古代也可能如此，它是从费尔干纳经过铁热克口子到喀什噶尔去的。在麦斯所指的时期（大概是公元1世纪的最后25年），中原王朝对西域的直接控制并没有延伸到塔里木盆地—阿姆河的分水岭以西。这样，伊尔凯什塔木附近就很适合中国人设立一个在边界进行控制的站点（中国行政管理机关一直习惯于在帝国边界上设立这样的站点），因为那里的海拔有8 550英尺，还可以从事一点农业，灌溉水源也有保证。

为了找到一个向导，也为了弄到牲畜和物资，我被迫在达劳特库尔干短暂停留了一下，同时我也可以写点东西。利用这个机会，我还开始了在当地吉尔吉斯人中收集人体测量学资料的工作，并沿着河北岸走了一段。道路在某些地方人工拓展过。在约1英里的距离内，道路都是沿着河边上的陡崖脚下延伸的。人们说这是一条很古老的道路，骆驼一直能走。在下游约3英里的地方，科克苏注入了主河道。我在那里发现了一大块耕耘得很好的农田，还有一丛丛的树木。农田是属于恰特村的。农田外有一圈低矮的土丘，围住了一块长300码、宽250码的地方，那是一道古老的围墙。据说围墙里的地方一直沿用到了科坎酋长们的统治时期。恰特地方很宽阔，风不大能吹到，似乎比达劳特库尔干更适合作路边大站。因为达劳特库尔干比较局促，而且暴露在外，树木在此不易生长。但在这两个地方，我都没有听说年代很古老的遗址。古代的堡垒（达劳特库尔干就是由此得名的）和现在的海关之所以都选在达劳特库尔干，是因为从那里很容易监视到马尔吉兰去的路以及沿着阿赖谷地上来的路。

第三节　沿着帕米尔的西部边缘走

8月2日，我动身朝南走，以便越过那些高峻的雪山，它们把木克苏以及穿过罗申和舒格楠的那些河流的源头，与阿姆河最上游的主要源头克孜勒河隔了开来。除了经过克孜勒阿尔特山口和喀拉湖的那条著名的道路，要想穿过俄属帕米尔和帕米尔西边的山到瓦罕去，这是唯一的一条道了，所以我选择了它。在加盖罗上校的安排下，我从途中遇到的很少几个吉尔吉斯人帐篷里获得了强悍的牲畜。但即便如此，这段路走起来仍是很困难的。但我们也得到了充分的补偿，因为我们不仅观察到了一些有趣的地理学现象，还能饱览高山的壮丽景色。这段山区迄今为止几乎没什么人考察过。

第一天，我们顺着从塔尔萨加山口流下来的小溪往上走。谷地里很宽阔，一直到海拔约9 000英尺的古特麻扎都遇到了燕麦田，大多数田地都不用灌溉。塔尔萨加山口海拔约11 500英尺，

图38 从塔尔萨加山口看到的塞勒塔格（也叫慕士塔格）

周围环绕着冰碛。我们在那里发现了一个吉尔吉斯人的小营地，并扎了营。朝正南边望到的雪山是极为壮美的，人们模模糊糊地把那条雪山叫塞勒塔格或慕士塔格（图38）。更令人叹为观止的，是矗立在我面前的覆盖着冰川的巨大石壁，图39中只是这块石壁的一部分。石壁矗立在木克苏深谷宽阔的水道旁边，我们第二天早晨就是沿着这条深谷往下走的。这条覆盖着冰的壮丽山脉形成了帕米尔西北一条大支柱，它还有待于人们进行精确的考察。但我敢肯定的是，它锯齿状的嶙峋的峰顶线海拔超过了20 000英尺，个别冰峰大概和考夫曼山一样高。

进入木克苏谷地后，我们发现阿勒吞麻扎的20多间房子周围

图 39　塞勒塔格山脉的中段，是从阿勒吞麻扎上方的麻扎—贝勒—巴什依看到的景象

是茂密的农田和草地，那里的海拔超过 9 100 英尺。房子四周还可以看到不少树木。据说这里冬天的降雪比阿赖谷地要少得多。再往下的木克苏谷地缩窄成了峡谷，一年中大部分时间都无法通行，即便在冬天的时候想过去也是很困难的。我们本想顺这条谷地往上走（图 40），从那里可以走到祖拉马特山口和塔赫塔昆仑山口，那两个山口是分别通往喀拉湖和塔尼玛孜河流域的。但巨大的塞勒达拉（即费得臣库）冰川的融水，使这条谷地从春天一直到秋末都无法通行。所以，我们只好先穿过了萨瓦克萨依的几条大支流（萨瓦克萨依流域包括考夫曼山和更朝西的阿赖山的南坡）。然后我们朝一列山的低坡上走，这列山把萨瓦克萨依同喀因地谷地分

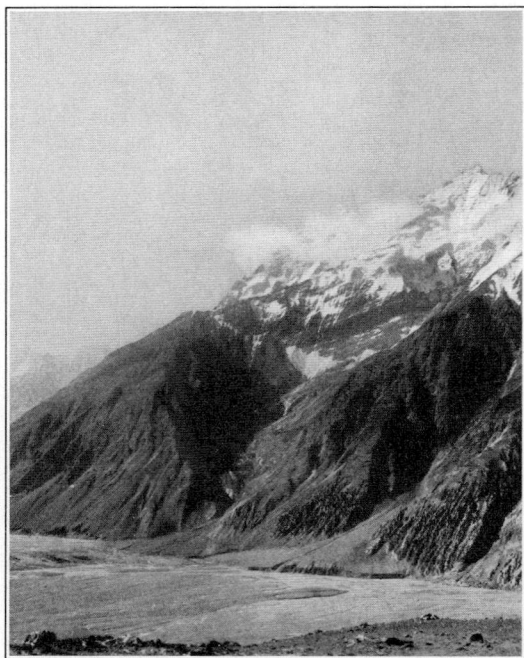

图40 塞勒塔格东部高峰下的塞勒达拉谷地，是从阿勒吞麻扎上方仰望所见的景象

隔了开来。第二天，我们朝喀因地谷地的头部走，走得特别艰难。路大部分时候都蜿蜒在窄谷地之中，有些地方的古代冰碛和以前的冰川口崩落的碎石挡住了我们的去路。奇怪的是，冰碛和碎石之间长着草的小块地方生长着茂密而美丽的高山植被。这里和帕

米尔西部高山中的其他地方一样，也有迹象表明最近冰川大大消退了。

我们把营地扎在海拔 14 000 英尺的地方。8 月 5 日，我们从营地出发，没费太大的力气就越过了喀因地口子。从俄国地图看，那里海拔有 16 200 英尺。我们朝上走的时候，先走在古代冰碛上，最后有 1 英里是走在一条宽宽的倾斜下去的冰川上。冰川是从西边下来的。口子顶部几乎没有什么积雪。过了口子后，我们下到了一条峡谷中，库木什吉勒伽河就是从这条峡谷中流下去的。走了很陡的一段路后，我们来到了稍微向东南倾斜的一座高原上。从高原末端望出去，我们眼前的景象十分壮丽。向南边和东边可以看到一些宽阔的大谷，一直能望到塞勒达拉河的源头。向西能看到塞勒达拉几条支流汇流后的河水从塞勒塔格边的一条峡谷中流了下来。有趣的是，从南边俯瞰着主谷地的那条长长的山岭，一直到比现在的河床约高 400 英尺的地方，分成六层清晰的古代河岸。整个壮阔的景象都极像帕米尔，而且植被很少，和木克苏和喀因地谷地形成了鲜明的对比。我们接下来沿着主谷地朝东南的上方走，经过了一些河流。它们是从那条与南边的塔尼玛孜河隔开的分水岭上流下来的，分水岭顶部覆盖着冰川。总共走了 33 英里后，我们在查库尔吉勒伽的谷口扎了营。我们从吉尔吉斯人那里租来的牲畜是急需休息一天的。利用这一天的休整时间，我探访了查库尔吉勒伽源头的美丽冰川（图 41）。冰川口有 0.5 英里多宽，海拔约 14 600 英尺。南边的山脉顶部覆盖着厚厚的永久性

图41　查库尔吉勒伽源头的冰川

积雪和结实的冰。但我们聪明的吉尔吉斯向导说，在"吉尔吉斯人的古代"，人们从不止一条小道越过了那条山脉，以便袭击罗申比较高的部分。

8月5日，我们沿着主谷地往上走。走了约6英里后，我们向南折进了塔赫塔昆仑吉勒伽。这条谷地的底部坡度比较和缓，布满了光秃秃的碎石，它就是因此得名的。我们经过了四个深碧色的山中小湖后，没费什么力气就来到了海拔约15 100英尺的塔赫塔昆仑口子。西边有一条离山口很近的小冰川，从一座高峻的雪峰垂了下来。过了口子后，往下走的路特别陡。先是走过一条光秃秃的石坡，然后穿过古代冰碛，进入了南边一条谷地。谷地底部很宽阔。在海拔约13 000英尺的地方，我们发现了一块令人赏心悦目的草地，并在那里扎了营。

如果我们要继续前进，就必须弄到新的牲畜，还有一个新向导。这使我第二天试图与科坎伯克取得联系，他是在东边的喀拉湖附近放牧的吉尔吉斯人的头人。为此，我们不得不先下到科克牙尔河谷中。这条河向西注入了塔尼玛孜河，塔尼玛孜河又称库达拉河。在从塔赫塔昆仑山口下来的谷地连上科克牙尔谷地的地方，我们经过了巨大的尾闾冰碛（以前在塔赫塔昆仑谷地中曾是冰川）。又走了2英里后，我们折向北边的一条叫肖尔阿勒的侧谷中，然后沿着一条陡峭的石谷往上走，石谷两侧是红色的砂岩悬崖。后来，我们走到了克孜勒拜勒口子。那里海拔约14 700英尺，口子就是从那些红色悬崖得名的。过了口子后，我们沿一条坡度和缓的宽谷朝下走，之后就遇到了科坎伯克。他是一个模样很潇洒的人（图42）。他把我们引到了他手下一些吉尔吉斯人的夏季小营地。那个营地位于喀拉奇木，海拔约13 700英尺。

这个很有能力的头人给我们提供了有益的建议，告诉我们将来应该怎样走。从他那里我第一次听说，四年前由于一场大地震，

图42 喀拉湖附近
吉尔吉斯人的头人
科坎伯克

图43 在喀拉奇木做人类学测量的吉尔吉斯人

穆尔加布河谷中形成了一个大湖，它占据了原来是萨莱孜帕米尔的地方。我本来是想沿直道经过喀拉布拉克口子和马尔加奈口子到阿利丘尔帕米尔去，现在这个湖挡住了我的路。我不愿意走经过帕米尔斯基边防站的那条人所共知的路。所以，我决定往下走到罗申谷地头部的索纳普，然后再想办法绕过新湖那个大障碍，最终到阿利丘尔帕米尔较低的地方去。我在喀拉奇木待的一天中，还从住在那里的吉尔吉斯人那里收集了一些人种学上的测量数据（图43）。乔伊斯先生详细讨论了我在这里及阿姆河以北收集到的人类测量学数据。[1]

8月10日，我们往回走，穿过克孜勒达坂回到了科克牙尔谷

1　我在《古代和田》一书中讨论了"萨里库勒"这个地名。在此我要说的是，我在喀拉奇木和帕米尔的其他地方问到的所有吉尔吉斯人，都说萨里库勒这个名称是泛指整个帕米尔地区的。这个地区的北部边界是外阿尔泰山，南部边界是俯瞰着喷赤河最上游的那条山脉，并从慕士塔格阿塔，一直延伸到达尔瓦孜、罗申、舒格楠谷地。

现在流行的"大众词源学"认为，萨里库勒这个词前半部分的"萨里"，来自波斯语的 sar，即头的意思。但我认为更说得通的解释是，后一部分如果发音和拼写准确，包含突厥词汇 qol，即谷的意思；而前一部分是突厥语的 sarigh 或 sarik，即绿的意思。我在阿赖地区时，听见人们把地名"萨里克塔什"（Sarik-tāsh）一般念成"萨里塔什"（Sarī-tāsh），这是辅音同化作用的结果，元音也相应延长了。qol 或 qöl 在当地的地名中是经常出现的，如阿利丘尔帕米尔的玉奇库勒（Öch-kol），昆仑山中扎依里克（Zailik）南边的塔尔库勒（Tār-kol）等。

萨里库勒（意为绿谷）被用作帕米尔地区所有牧场的泛称，这是可以理解的。有人说它专指阿姆河—塔里木河分水岭东边的高谷地，从塔格杜木巴什帕米尔一直到塔格尔玛。这个问题需要在别处进行讨论。

地中。我们沿着这条谷朝下走，一直走到了它与塔尼玛孜河（或库达拉河）的大河谷会合的地方。在那附近，塔尼玛孜河谷朝南陡然拐了个弯。塔尼玛孜这条重要的河流是塞勒塔格的大冰川补给的。我们在高处宿营的时候，曾看到西方那些遥远的大冰川。道路沿着河左岸延伸，把我们带到了克孜勒托开，那里的海拔10 500英尺，生长着柳树和桦树。我们觉得已经把帕米尔甩在身

图44　从克孜勒托开下方沿着塔尼玛孜谷地（或库达拉）谷地看到的景象

后了。第二天的行程证实了我们的这种感觉。走了2英里后，我们经过了美丽的大麦田，它们是罗申的塔吉克人耕种的。由于塞莱孜的泛滥，他们被迫从穆尔加布谷地或巴尔坦格迁走，并重新耕种了这个地点的旧农田。我们继续沿着河左岸走，大多数时候走过的是大碎石坡（图44），在茂密的植被中经常出现一块块农田，是由小块的积雪灌溉的。

在塔尼玛孜河与从科克乌依贝勒流来的河汇合的地方上游，我们穿过了崩落的大碎石岭，然后过到了河右岸。在那里，我们很快看到了1911年的大地震造成的毁坏。有一块叫帕莱孜的宽阔的平地，以前是有农田的，现在已经被废弃了，因为上方的山体滑坡堵住了把水引到那里的水渠。在河流汇合点1.5英里的距离内，我们发现谷底都堆着大量的碎石（图45），这些碎石是大地震时从谷右边的山坡上掉下来的。原来是帕莱孜平原的地方，现在零乱的碎石一直堆了200英尺多高。有些地方的碎石被甩过谷底，甩到了对面的山坡上。这道巨大的障碍把河道塞住了几个月。在2英里的距离内，从碎石上过去或是从边上绕过去都是很困难的（图46）。再往下的库达拉谷地受地震的影响就没有这么大了。

我们在塔吉克人的小村子巴索尔过了一夜。这个小村子环抱在白杨树和柳树之中，海拔约9 700英尺。8月12日，我们走到了巴尔坦格谷地。路有些地段对驮东西的牲畜来说很难走。凡是岸边的悬崖留出了空隙的地方，路都是贴近河边的，否则就越过高台地。在其中一块台地上，我们经过了鲁克吉小村，它碧绿的农

图45　在帕莱孜附近被地震甩到塔尼玛孜河右岸的石头

田同四周荒凉的环境形成了令人愉悦的对比。再往前，路是顺着布满大石头的河床往下延伸的，两边矗立着高峻的悬崖。那里有一个地点有个很恰当的名称叫达尔班德（图47）。那里的一块大石头上原来有一座瞭望塔，以便防止罗申这个祥和的伊朗人聚居点受到吉尔吉斯人的劫掠。然后，我们穿过一条窄峡谷的谷口。以前，阿姆河的大支流穆尔加布河也叫巴尔坦格河就是从这里流出

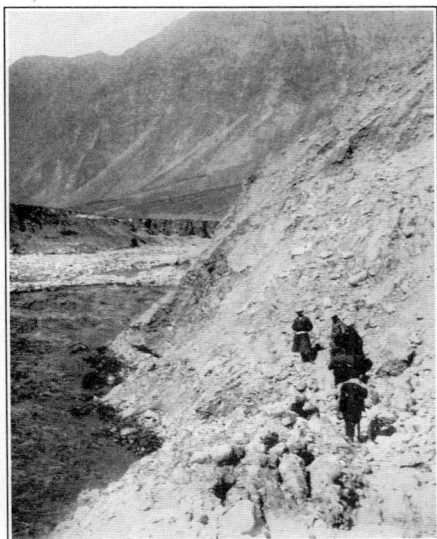

图46　在塔尼玛孜谷
地的帕莱孜穿过地震
甩下来的碎石

去的，后来大地震把这条谷堵住了。如果没有塔尼玛孜河，这条
朝西北延伸过去的深谷就将是空荡荡的了。最后，我们爬上陡峭
的石壁，来到了一座岩石环绕的风景如画的高原。索纳普村和其
田地就在这座高原上，吉尔吉斯人把这个村子叫作塔什库尔干。
它的海拔约9 000英尺。

　　科坎伯克事先把消息传了过来，使我们从索纳普的那些头人

图47 塔尼玛孜河和巴尔坦格河在扫拿伯上游的达尔班德交汇

以及离这里最近的罗申村庄里都获得了必要的帮助，以便应付前面的艰难旅行。我们只在索纳普休整了一天，就安排好了物资运输问题，运物资的还包括很多抬东西的山民。索纳普是我在阿姆河地区遇到的第一个说伊朗语的规模较大的居民点，从很多方面都吸引着我。要不是前面还有很多路要走，而且我们必须在深秋

图48 扫拿伯的罗申头人

到来之前走完山区的路，我真愿意再延长一下在这里的休整时间。由于索纳普位于难走的罗申谷地头部，位置与世隔绝，所以在那些俊美的山区塔吉克人（图48）身上，阿尔卑斯人种的血统比较纯正地保留了下来。而且，这里的旧风俗和家庭建筑也都很有趣。实际上，我只来得及收集了一些人类测量学数据，并踏访了那座

图49　在扫拿伯村的房顶上

挤满了粗陋建筑的小堡垒（图49）。在俄国人统治这里之前，所有的家庭都躲在这座小堡垒中，如今他们可以安全地住在自己的田地附近了。在被烟熏的黑乎乎的阿依宛（凉廊——译者）中，以及这里那里不时出现的粗糙的装饰性木雕中，我都发现了与马斯图吉和亚辛类似的地方。在物质文明和人种方面，兴都库什山都不

图 50 在罗申的努苏
尔附近沿着巴尔坦格谷
地看到的景象

是一道不可逾越的障碍。人们对阿富汗的压迫记忆犹新，我询问
过的一些年纪很大的人还记得吉尔吉斯人的劫掠造成的恐怖，并
记得曾有中国官员来过这里。

8月14日，我们离开了风景如画的索纳普，越过碧绿的索纳
普高原西边的那座石山，下到了400英尺以下的河谷中（图50），

图51 在努苏尔乘坐皮筏渡过巴尔坦格河

河对面就是小村子努苏尔。这里的河面有150码宽，我们是乘坐山羊皮筏过河的，后面还游着三个人来引导皮筏的方向（图51）。我们从努苏尔越过河道高处的小石山和小高原，来到了巴尔奇杰夫村。如今这个村子是巴尔坦格谷地中最后一个农业居民点。第二天早晨我们继续前进。在前4英里内，我们都能沿着旧道走，旧道在台地上延伸，台地下方原来曾是巴尔坦格河的河床，如今河床已变成了一条清澈见底的美丽的小溪了。再往上，地震引起的山体大滑坡在很多地方把河道完全塞住了，河边或河上方的道路也被毁掉了。这条大河的水量一度可以与喷赤河相比，并且曾是阿姆河的主要支流，如今已经完全断流了。人们告诉我，北边一条叫劳特的小侧谷的谷口原来曾是罗申牧人的住所，结果被成堆的碎石掩埋了。这样的地方还有好几个。我们主要是沿着崩落的大堆碎石走的，偶尔也沿着陡峭的山坡艰难地爬上爬下。我们带的山区马匹驮的东西都很少，而且它们都强悍灵活，善于爬山。但我们不得不一次又一次地把它们背上的东西卸下来，由人来扛我们那点行李。很多地方不时出现成串的色彩极美的高山小湖（图52），它们取代了河的位置，增加了我们前进的难度。在有些地方，我们可以看到从新形成的那个大湖流来的地下水冒出了地表，形成了大泉水，但泉水很快又被碎石塞住了。在其他地方，山坡上的碎石是滑动的，无法踏脚。我们的索纳普向导说有个地点北面原来有座大山，结果被地震"撕扯"了下来，乱糟糟的石头和疏松的碎石被扔在谷的南侧。我们在这样的地面上终于艰难攀登到了海拔约 10 600 英尺高的地方。那里是一块长着灌木的小台地，位于原来的山侧，我们发现在那里终于可以宿营了。

　　8月16日，我们又沿着极陡的石坡朝上攀登了 1 000 英尺，来到了奥迪亚孜考塔勒山。山北面是一列支离破碎的石岭，石头是山体滑坡时从巴尔坦格谷地对面甩过来的。我们在这个由碎石构成的新形成的山口往下走。这时，我第一次望见了那个窄窄的峡

图52 阿劳特上游被地震阻塞的巴尔坦
格河谷（前景中是新形成的湖，原来的
河床埋在岩石碎屑底下）

图53 因为萨莱孜地震造成阻塞而形
成的晒岛新湖

湾般的湖。那里以前本是晒岛谷地的谷口，由于有巴尔坦格河那
样的大堵塞才形成了新湖。我们沿着零乱的碎石艰难地往下走，
来到了晒岛新湖的北端（图53）。我们现在只能沿着这一堆大堵塞
物的南脚下走，一路都是石头和碎石，走得特别困难。最后，我
们来到了一座山脚下。这座山将晒岛谷地与通向兰干山口的那条

图54 从叶尔克峡湾的坡上越过萨莱孜湖朝东北望到的景象

谷地分隔开了。在沿着这座山朝东南攀登的时候，我们这才完全意识到那场大地震使地貌发生了多么大的变化。

1911年2月，一整座山都坍塌了，完全塞住了河流，把所谓的萨莱孜帕米尔变成了一个美丽的山间湖泊（图54）。这个湖在1913年的时候就已经有17英里长了，那之后还朝谷地上方继续延伸。大堆的石头和碎石被从北面的山脉上甩下来，在山崩的惯性作用下，被推到了晒岛谷口一侧的陡山上。即便在大山崩之后四年，障碍物形成的这条大"水坝"就已经比新湖的湖面高1 200英尺多了。图55是在比湖面高1 500英尺的地方看到的"水坝"。"水

图55　地震在巴尔坦格谷地中造成的阻塞，还可以看到刚形成的萨莱孜湖的西端（是在海拔约12 000英尺高的马尔加奈山上朝西北望到的景象。云雾和粉尘是高处坡上的岩石运动造成的）

坝"上方的山体上依旧有石头滚落下来，照片中（图55）山的最上部分看到的尘沙就是这样造成的。

在上面说的那座山的脚下一片暗淡的塞满泥巴的洼地中，我有幸见到了普里奥布拉岑斯基教授率领的一支俄国小分队。他们刚从阿利丘尔帕米尔方向来到这里的营地，想要对这道大障碍进行系统的考察。俄国科学家是乘坐皮筏从湖的南部来的，他们是经过兰干山口到湖南部的。他们极为热情地欢迎了我。我本来想带着行李从湖湾上方的陡坡越过去，但他们觉得行不通。但由于跟着我们的那几个罗申头人很想试一试，我们就攀登到了海拔约13 200英尺的地方，并在那不远的一处低600英尺的小泉水边扎了营。

第二天早晨，我们朝下陡降了2 000英尺，来到了叶尔克峡湾那炫目的碧水边（图56）。我们这才充分意识到，要想在地震崩下来的陡峭石坡上走，越过仍很容易滑动的碎石，确实是很困难的。幸运的是，从罗申最高的那几个山村召集来的人都是优秀的攀岩者，很善于在无法通行的悬崖上用灌木和石头制成架状突出部。足足用了5个小时，他们在高处才弄出了一条稍微安全一点的小道，我们这才穿过了那些可怕的石壁中最难走的一个（图57），而走过的直线距离刚刚只有1英里。最后我们总算来到了水湾的头部，水湾边上是半被掩埋住的白桦和杜松。我们在美丽的树丛中沿着谷地往上走了2英里，然后越过一块似乎是古代尾闾冰碛的地方，来到了一条比较宽敞的地带。自从地震之后，6个罗申人家

图56　从北边看到的叶尔克峡湾的上端

重新耕种了那里的土地，他们令人赏心悦目的大麦田和燕麦田海拔约有11 000英尺，比当时的湖面高约500英尺。但即便在这里，人们仍害怕水面继续上升。

我们在这个美丽的地方待了一天。我手下那些山民利用这段时间，改进了叶尔克峡湾上方的小道，以便把他们那些善走山路

图57 叶尔克峡湾上方的碎石坡（箭头所指的地方是一个人正在刚踩出的小路上走）

的马带过来。8月19日，我们沿着山谷向南朝上走。谷底的古代冰碛之间有一系列小湖，是在冰川作用下形成的，两边的侧谷头部可以看到悬挂的小冰川。这条路从来没有人考察过。只是在萨莱孜和阿利丘尔帕米尔之间的马尔加奈山口被新形成的湖塞住之后，这条路才有人走。我们一直走在古代冰碛和布满大石头的扇状地带上，前进得很困难。我们往上走了11英里，到达了乌什因奇。谷底在那里变宽了，南面可以看到一圈顶部覆盖着冰的山峰。幸运的是，我们在那里遇到了帕米尔斯基边防站的站长给我们派来的新吉尔吉斯马匹，因此得以继续朝谷地上方走。现在，谷地折向了东南，并扩展成了一个帕米尔一般的大谷。又经过了三个小湖后，我们在海拔约14 400英尺高的地方扎了营。

第二天，我们先朝东南的上方走，然后折向东方。走了5英里后，来到了兰干山口，那里是个几乎由碎石屑布满填平的鞍部，那里的海拔约15 400英尺。山口西北悬挂着一条大冰川，冰川融水一部分流进了我们在到山口以前经过的艾明库勒小湖，还有一部分流进了山口另一侧的兰干库里。我们很容易就下到了兰干谷地。之后，我们大多数时候都是走在长着草的缓坡上，一直走到了一些石屋。那个地方叫兰干，海拔约12 300英尺高。这一天我们总共走了20英里，晚上就宿营在兰干。

第四节　经过阿利丘尔和大帕米尔

我们从兰干折向东方，朝叶什勒库里和阿利丘尔帕米尔走。由于这些地方以及南边的大帕米尔都有人多次来过并描述过，我只需简单说一下我们迅速走过这些地点的过程，同时也提一下几点特别值得注意的地方。我们从兰干出发攀登那座比较好走的山，它把兰干谷地的谷口同叶什勒库里的西端隔了开来。在攀登的过程中，我们眼前的景象极为壮阔，可以望到格浑德谷地的头部穿过舒格楠朝下伸展。当我们眺望着它宽阔的谷底和两侧长着草的缓坡时，我们完全意识到了，这是联系着帕米尔和西边的阿姆河的一条多么优越的交通线。的确，如今从帕米尔斯基边防站到舒格楠去的俄国车道，在叶什勒库里上方就离开了阿利丘尔帕米尔。在格浑德河从叶什勒库里流出的那一点下游30多英里的地方，车道才进入了格浑德谷地。但从阿利丘尔帕米尔出发，沿着叶什勒库里边上延伸，然后进入格浑德谷地头部的那条道当然要短得多，对于驮着东西的马来说也没有什么障碍。冬天的时候，车道在南面经过的山口上是厚厚的积雪，那时叶什勒库里道就是唯一能通行的道了（部分道路是从湖的冰面上过去的）。

　　由此我们大概可以推断出，中国旅客和军队主要走的就是这条最直接的道。关于军队穿过帕米尔到舒格楠去的那些行动，我们有明确的历史记载。在这里我只需提一下高仙芝在公元747年穿过帕米尔和兴都库什的那次著名的远征，我在别的地方曾详细讨论过这件事。在远征过程中，高仙芝那位大统帅亲自率一支不小的军队从喀什噶尔出发，到了萨里库勒和舒格楠。僧人悟空的旅行也值得一提，他在公元751—752年之间从喀什噶尔到了舒格楠。在30多年后从印度回到喀什噶尔的途中，他又经过了舒格楠。公元1759年清朝军队从喀什噶尔追赶大小和卓兄弟时走了这条道。苏木塔什位于叶什勒库里的东端，中国人和阿富汗人都意识

图58　隔着叶什勒库里同布鲁曼岭相对的山脉

到那里很适合监视湖北边到舒格楠去的道路。就是因为这个原因，1892年才在苏木塔什发生了流血事件。

我还要说一下布鲁曼岭。从格浑德谷地最上方来的那条道，在湖的最西端上方就上升到了布鲁曼岭上。根据我最近在萨莱孜

那个新形成的大湖获得的经验，我认为一些地形学事实似乎表明，叶什勒库里是早期一个类似的地震造成的，至少它目前的形状表明应该是这样的成因。不是地质学专家的人也能看出，湖西端矗立的布鲁曼岭（图58）似乎很像那个造成了萨莱孜湖的新形成的

图59　从布鲁曼岭上看到的叶什勒库里（箭头所指是马尔加奈小谷地的谷口）

"大障碍"。有人觉得，湖水之所以在布鲁曼岭前面存积了起来，是冰碛堆积的缘故，但我却没有发现什么冰碛的迹象。另一方面，对面沟壑纵横的山坡上有个大豁口。看来，这里本是一条深

陷的河床，山体滑坡时从豁口那个地方掉下来的碎石把河床堵住
了。不通车辆的马道穿越了布鲁曼岭，这个岭比湖面高400多英
尺。图59拍摄的就是在岭上看到的蜿蜒的青碧色湖面，湖十分美

图60　从马尔加奈小谷地的谷口越过叶什勒库里望到的布鲁曼岭

丽。图60中拍摄的，就是从小马尔加奈谷的谷口看到的布鲁曼岭。

在穿过风景如画的坎帕尔楚克（图61）小半岛之前1英里，我们越过了一处很难走的石壁，马背上驮的东西不得不卸下来一些，以减轻马的负担。再往前就是从大马尔加奈谷地流过来的小溪形成的绿草如茵的三角洲。在那里，人们指给我看一圈圆形石围墙，直径约55码。那个地方叫黑大爷库尔干。离那里不到200码的距

图61　坎帕尔楚克附近的叶什勒库里

离内，还有两圈类似的较小的圆围墙。大概在中国人仍使用这条到舒格楠的道的某段时期，它们曾是路边站点。前方0.5英里远的地方还有三座被毁的小丘，我也未能判断出它们的年代。小丘附近有块黑色石碑，上面阴刻着伊斯兰教义和对安拉的祈祷。

阿利丘尔帕米尔的小溪是在湖的最东端注入湖中的。有一处叫苏木塔什的悬崖（图62）俯瞰着小溪的三角洲，悬崖顶上矗立

图62　阿利丘尔帕米尔的苏木塔什处的悬崖和拱拜孜

着一座废庙。庙里原来有块石碑，纪念的是公元1759年清朝将领在这里对喀什噶尔的大小和卓取得的胜利，当时大小和卓正带着他们的手下人想穿过帕米尔到巴达克山去。公元1892年6月22日，亚诺夫上校率领的哥萨克人消灭了离这不远的一个据点中的一小队阿富汗士兵。大概在那之后，石碑被运到了塔什干博物馆。但石碑的那个巨大的大理石底座仍在原来的地方。它大概称得上是

图63 在阿利丘尔帕米尔的巴什拱拜孜做人类学测量的吉尔吉斯人

帕米尔地区最能耐久的历史遗物了，也是中央帝国的一个合适的象征。在过去的两千年间，中央帝国的势力不时会延伸到遥远的"世界屋脊"。8月22日，我们离开了在苏木塔什的营地。在河南岸0.5英里远的地方，我们路过了一圈很奇怪的三角形围墙。围墙是用大石头砌成的，被称作奇台库尔干，最长边有25码长。我无法确定它的起源。

图64　将大帕米尔同瓦罕隔开的雪山，从维多利亚湖西端上方看

　　我们沿着阿利丘尔帕米尔往上走了两天。我们先是走在一条泥泞的河沟里，然后穿过一块宽阔的草地，来到了巴什拱拜孜艾格孜。在这一侧的帕米尔放牧的吉尔吉斯人，把这里当作了他们夏季的主要营地。当时，那里有20多座阿克奥依，我们在那里停留了一天。利用这段时间，我对那里的居民进行了有益的人类学测量（图63），还弄到了物资，绝大多数物资是从舒格楠那边运来的。然后我折向南方，经过巴什拱拜孜山口，穿越了阿利丘尔和

大帕米尔之间的成串帕米尔。我们是经过一条也叫巴什拱拜孜的谷地朝那条山口走的。在谷地中可以清晰地看到一系列尾闾冰碛，它们是谷地中原有的大冰川后退时依次留下来的。8月26日，我们在海拔约16 300英尺的地方越过了山口。它是我们一路上遇到的最高的山口，但那里却没有积雪，而且没有我们前面走的路那么困难。过了山口后的谷地连着一块辽阔的准平原。这块准平原矗立在维多利亚湖（也叫佐尔库里）的最西端，俯瞰着从维多利亚

湖里流出来的大帕米尔河（是阿姆河的一条支流）的河口。在这里，一幅壮美的景象展现在我们眼前（图64）。这条醒目的宽谷地尽收眼底，我们可以一直望到那条顶部覆盖着冰川的山脉（就是这条山脉把谷地同瓦罕的最高处分隔开来）。我们沿着山脉脚下走了6英里，那条山脉从北边朝属于俄国的湖滨延伸过来。然后，我们在一片大水湾边扎了营，并休整了一天。

大帕米尔的这个中部地段大概是整个帕米尔地区最有名的地方了，俄国和阿富汗的边界就穿过了维多利亚湖闪闪发光的湖面。能到达这里对我来说是一件十分令人兴奋的事。自从青年时代起，我就渴望着见到这个真正的大帕米尔。1838年2月19日伍德上尉第一次发现了维多利亚湖，他对湖作出了十分生动的描述。后来，当我对整个帕米尔和它东边、西边地区的地形有了更多了解后，我更确信玄奘和马可·波罗这两位大旅行家都和大帕米尔有关，他们从瓦罕来的路都经过了大帕米尔。这使我看一看这一地区的愿望就更加强烈了。我以前曾说过，为什么我也认为玄奘和马可·波罗都经过了大帕米尔，这里就不再一一列举那些理由了。但由于在命运的安排下，我能在现场阅读到中国最伟大的朝圣者和中世纪最伟大的旅行家玄奘的文字，我还是引述一下这些文字，并加上一点简单的评论。

关于商弥，玄奘的文字是这样描写的：

国境东北，逾山越谷，经危履险，行七百余里，至波谜罗川。

东西千余里，南北百余里，狭隘之处不逾十里，据两雪山间，故
寒风凄劲，昼夜飘飞。地咸卤，多砾石。播植不滋，草木稀少，
遂至空荒，绝无人止。波谜罗川中有大龙池，东西三百余里，南
北五十余里，据大葱岭内，当赡布州中，其地最高也。水乃清澄
皎镜，莫测其深，色带黑青，味甚甘美。潜居则鲛、螭、鱼、龙、
鼋、鼍、龟、鳖，浮游乃鸳鸯、鸿雁、鴐鹅、鹔、鸠。诸鸟大卵，
遗殻荒野，或草泽间，或沙渚上。池西派一大流，西至达摩悉铁
帝（瓦罕）国东界，与缚刍河（阿姆河）合而西流，故此以右，水
皆西流。池东派一大流，东北至佉沙国（喀什噶尔）西界，与徙多
河（叶尔羌河）合而东流，故次以左，水皆东流。……自此川东南，
登山履险，路无人里，唯多冰雪。行五百余里，至揭盘陀国（萨
里库勒）[1]。（《大唐西域记·商弥国》——译者）

　　寇松勋爵已经正确地强调过，"从这段文字描述的主要特征
看，说的就是帕米尔地区"。在玄奘对帕米尔地区的描述中我们
容易看出，其中既有在当地观察到的现象，也掺杂着对传统观念
的幼稚引用。这位虔诚的旅行家的整个旅行记都有这个特点。湖
的清澈、甘甜和深蓝的颜色，正是他所叙述的那样。湖滨在春秋
两季都有很多水鸟。而且，据吉尔吉斯人说，在湖滨稀疏的灌木

　　1　玄奘本人没有到过"商弥"。但就他的描述看，"商弥"在现在的马斯图吉
或喀什卡尔巴拉。

丛中能找到很多水鸟蛋。我们很容易理解，古代的旅行者们在这么高的与世隔绝的地方看到这么大的一个湖时，为什么会觉得湖深不可测，而且充满了龙和其他怪物。遗憾的是，我无法得知如今关于这个湖还有什么传说，因为在大帕米尔放牧的吉尔吉斯人都远在东边高高的侧谷中，我在一天休整期间都见不到他们。

从马可·波罗对帕米尔的描述来看，他显然也经过了这个大湖。他说："当你离开这个小国（瓦罕）后，朝东北骑马走三天，一直穿过山区走，就来到了一个极高的地方。据说那里是世界上最高的地方。到了这个高度后，你就发现了一个大湖，湖夹在两山之间，湖外面是一条美丽的河。河穿过一块平原，平原上有世界上最好的牧场，一头瘦牲畜在那待10天就会肥壮得令你满意的。那里有很多各种各样的野兽，其中包括肥硕的野绵羊，绵羊的角足足有6个手掌那么长。牧羊人把这些角做成大饭碗，还用羊角围成羊圈，以便晚上围住牲畜。"（还有人告诉马可·波罗，说那里有很多狼，杀死了许多野绵羊。所以人们发现了大量羊角和羊骨，在路边堆成了大堆，以便在地上有积雪的时候引导行路人。）

"平原叫帕米尔，你得骑马走12天才能穿过它，除了沙漠什么都看不到，既没有居民也没有任何绿色的东西，旅行者需要的一切东西都得自备。这个地区特别高、特别冷，甚至都看不到飞鸟……"[1]

1　见尤尔《马可·波罗》第一卷第171页。

　　亨利·尤尔爵士把这段文字正确地叫作那位伟大的威尼斯人"最能预见到当代探险活动的地方"，他还把约翰·伍德上尉的叙述称作是"在细节上最与马可·波罗的文字吻合的叙述"。亨利·尤尔爵士是马可·波罗的大评论家，他和科尔迪耶教授曾花费了不少笔墨讨论马可·波罗。[1]在此我只需再加几句话就行了。在那一天休整期间，当我的眼睛越过湖的最端点（图65）朝东边那条不太分明的分水岭望去时，景象极为开阔辽远。奇怪的是，这个时候我也产生了一种"这是世界上最高的地方"的感觉。据说有很多商人的羊群每年都被从瓦罕方面带到这里来，说明大帕米尔的牧场是很好的。在我经过的时候，羊群正被放牧在湖南边的侧谷中。马可·波罗说的野绵羊以他命名为波罗羊，湖边的高山中如今仍是这些野绵羊最喜欢的地方。就在巴什拱拜孜山口附近，我们遇到了一群野绵羊。在底下的小块草地上，一些野绵羊冬天时被雪赶下山去，成了狼的腹中之物，我们就遇到过很多这样的羊角和羊骨。在我们停留期间，阿弗拉兹·古尔用步枪在北边的考格乌铁克吉勒伽打死了一只野绵羊，把那个精美的羊头送给我做纪念。[2]8月27日那一天停留期间，我意识到马可·波罗说的帕米尔的寒冷是多么准确。最低气温有华氏冰点以下12°，凛冽的寒风吹刮在海拔约13 990英尺高的湖滨。尽管天空万里无云，阳光普照，

1　见尤尔《马可·波罗》第一卷第172~178页。
2　许茨《帕米尔研究》第72页提到，猎人们说佐尔库尔附近有熊和豹子。

图65　越过维多利亚湖的东端，朝东南望到的尼古拉斯山脉

但我们一整天都觉得特别冷。

　　除了这些古代旅行家的叙述，到大帕米尔我还从当地收集到一些信息，有助于澄清一个中国历史记载。这些信息证明那段记载十分准确。在叙述公元747年高仙芝翻越帕米尔和兴都库什山的那次著名远征时，《唐书》专门提到，唐朝军队沿东路、西路、北路向喷赤河（即现在的萨尔哈德）集结。从那里，高仙芝这位

伟大的将领穿过了巴罗吉尔和德尔果德山口。以前当我谈论到这次杰出的军事行动的细节时，我曾指出，东路和西路无疑指的是沿着喷赤河谷地下来和逆着喷赤河谷地上去的路。但那个唐朝将军的一支军队是沿北路从维多利亚湖方向到萨尔哈德的，在地图上或其他书中我没有找到关于这条北路的确切证据。的确，寇松勋爵在他关于帕米尔地区的著名论文中，用他特有的详尽风格记录了一些不太清楚而且并不一致的线索。那些线索似乎表明，有一个山口，通过它人们能从维多利亚湖到喷赤河去。但他还说到，1895年8月，"英国边界考察队的一些成员希望在维多利亚湖南边的分水岭上找到这个山口或其他的某个山口"，但他们一无所获。他们还表示，事实上并没有这样的山口存在。

我们的队伍中有两个见多识广的吉尔吉斯人。令我感到意外惊喜的是，当我向他们详细询问时，他们给了我明确的证据，说有一条古代小道，如今喷赤河上的瓦罕村庄的牧人仍常走那条道。小道从瓦罕方面穿过分水岭，来到肖尔吉勒伽谷地那布满冰川的头部（从维多利亚湖可以清晰地望到那条谷地的头部）。在印度测量地图上，这条谷地就是拜什库那克吉勒伽东边那个没有标名称的谷地。下了这条谷地后，你既可以到达帕米尔河的开阔河谷，也可以走过平缓的准平原，来到维多利亚湖的西南湖滨。从大帕米尔这一侧要想到那个山口去，应该走肖尔吉勒伽的西南分支。图64中的那张全景照片是在巴什拱拜孜谷口拍摄的，照片中标箭头的那个地方就是肖尔吉勒伽和那个山口的位置。在山口北侧，必须越过冰川。过了分水岭，路就下到了科姆依奈克山上，然后路分成了两条。一条路进入南部的肖尔吉勒伽，然后沿着喷赤河吉勒伽向上游走，到达了兰干。另一条路据说在比较和缓的坡上依次穿过了伯孜戴克提尔和陶库孜巴什这两个有牧场的谷地的头部，这样就来到了萨尔哈德河（喷赤河）。这些吉尔吉斯人对路后半程的描述，和我1906年看到的矗立在喷赤河边的坎斯尔山很接近。我得到的这些信息再一次说明，中国史书记载的高仙芝那次山区壮举的地形细节是可靠的。唯一令我遗憾的是，我虽然以前到达尔考特和喷赤河南边的战场去实地考察过，但这次由于时间关系并考虑到阿富汗边界，我无法实地考察那些道路了。

8月28日，我离开了维多利亚湖，沿帕米尔河往下游走，以便到兰干基什特去。在那里帕米尔河汇入了喷赤河。我们在三天中共走了78英里，这正是马可·波罗骑马从瓦罕到大湖的那三天经过的路线。自伍德上尉之后，帕米尔河河谷曾被人们多次描述过。因此，我观察到的现象中只有不多的内容需要在此记录下来。在帕米尔一般的谷地的上半部分，在巴什拱拜孜河的出山口下游4英里的地方，我们经过了一座天然的小山，山的形状像是个圆锥，有80英尺高。它叫麻扎多拜，吉尔吉斯人崇拜着这里，说这里埋葬着神圣的武士。在佛教时期，这个形状如此规则的山在虔诚的人们看来像是"自生的佛塔"。现在这里之所以仍是个圣地，大概是因为当地的拜神传统保留下来的。

当道路与从喀尔高什帕米尔来的路会合的时候，我们来到了平整的俄国马道上，这条马道把兰干基什特同阿利丘尔帕米尔的车道连在了一起。喀尔高什谷地的谷口，就是河右岸吉尔吉斯牧场和瓦罕牧场的分界线。在那里（海拔约12 700英尺），我听说最近有人播下了燕麦种子，而且燕麦成熟了。再往下走2英里就是帕依噶塔拉平地。在平地上，我注意到了一个遗址，似乎是一个敖包，用粗糙的石头筑成，有15英尺长。它是东西走向的，看来不是伊斯兰墓葬。在海拔约12 500英尺高的玉勒麻扎，我们遇到了古代的梯田。再往下走3英里，我们在河左岸经过了一条谷地的谷口，谷口很宽，长着草。这条谷地叫伊塞克布拉克，是由一处温泉得名的。从那开始，有一条常有人走的道路通向萨里格哈孜山口。驮东西的牲畜要想从帕米尔河到喷赤河去，在瓦罕山脉上唯一能走的就是这个山口。

　　第三天，我们经过了麦茨峡谷（见图66，沿着那条谷地往上去，有一条到舒格楠的很方便的道路）。之后，谷地逐渐变宽。在谷地两侧我们多次见到了旧农田和水渠，还有人记得它们被废弃的时间。在兰干基什特上游约10英里的地方再往前，我们遇到的小块农田越来越多，都分布在谷两侧的山坡平地上，灌溉起来很方便。下游比较隐蔽的角落里，还时常有小村落掩藏在树丛之中。一路上朝南望视野都很开阔，可以望见兴都库什的雪山，雪山顶上是针尖一般的冰峰（图67）。这幅醒目的景象告诉我们，与印度河的分水岭已经近了。更近的是分水岭下的喷赤河河谷中的大洼地，瓦罕就在这片洼地之中。

图66 麦茨谷口
附近的大帕米尔
河的湍流

8月30日傍晚，我们到达了兰干基什特，它位于帕米尔河和喷赤河汇合点上游约3英里的地方。那里有个小哥萨克边防站，戍卫着俄属瓦罕。在那个边防站，我受到了极为热情的接待。自古以来，阿姆河上游河谷地区和南边的兴都库什山地区在种族和政治上都有密切的关系。其证据之一就是，事先骑马到这里来接

图67　在兰干基什特越过阿姆河河谷望到的兴都库什山脉

我的俄属瓦罕的明巴什名字叫萨尔布兰德汗。他是瓦罕以前的统治者阿里·马尔丹沙的弟弟，多年来，阿里·马尔丹沙已经确立了自己在阿希库曼的地位。而且，萨尔布兰德汗还与达丽尔和丹吉尔的罗阇·帕克顿·瓦利很熟悉。两年前，就是萨尔布兰德汗的一个儿子带着一群瓦罕人勇敢地帮助我过了其林吉山口。